LES
PREMIÈRES CONQUÊTES
DE L'HOMME

PAR PAUL BORY

TOURS

ALFRED MAME ET FILS

ÉDITEURS

LES
PREMIÈRES CONQUÊTES
DE L'HOMME

—

PETIT IN-8º ILLUSTRÉ

PROPRIÉTÉ DES ÉDITEURS

Femme esquimau mangeant.

LES
PREMIÈRES CONQUÊTES
DE L'HOMME

PAR PAUL BORY

TOURS

ALFRED MAME ET FILS, ÉDITEURS

—

M DCCC LXXXII

PREMIÈRE PARTIE

LES PREMIERS HOMMES

CHAPITRE I

UNE SCIENCE NOUVELLE

Court préambule. — Histoire de l'archéologie préhistorique ; ses apôtres, leurs travaux ; Boucher de Perthes, Lartet, Christy. — Notions indispensables à l'intelligence du sujet. — Les terrains tertiaires et quaternaires. — Qu'entendre par fossiles ?

Depuis un demi-siècle à peine, une science nouvelle a surgi parmi tant d'autres qui occupaient déjà l'attention des esprits. Il semble que, tard venue, elle ait prétendu compenser par la rapidité de sa marche, par l'ardeur de ses adeptes, par l'engouement dont elle est l'objet, la négligence des siècles passés et reprendre le rang qu'elle aurait toujours dû tenir dans les connaissances humaines.

Nous voulons parler de l'archéologie préhistorique, mot un peu étrange pour des oreilles inexpérimentées, par lequel on désigne les connaissances qui embrassent dans leur ensemble tout ce qui touche à l'histoire primitive de l'homme.

Après avoir fouillé, découvert ou inventé tout ce que son génie lui rendait accessible, l'homme s'est aperçu un jour que sa propre histoire était ce qu'il ignorait le plus. Aussitôt les esprits curieux d'approfondir ont abordé les questions nombreuses qui surgissaient de cette interrogation.

Depuis vingt ans surtout, les travaux de tout genre affluent, apportant leurs rayons lumineux sur les origines encore si obscures de l'humanité. Or la vérité nous oblige à déclarer que, malgré la valeur et le nombre des efforts tentés, les incertitudes sont presque les mêmes qu'au début. Bien qu'attaqué de tous les côtés à la fois, le mystérieux passé de l'homme ne nous est pas encore révélé, scientifiquement parlant. Plusieurs pages importantes sont ouvertes sous nos yeux, mais le livre n'est pas complet; on peut dire que le plan en est à peine fixé, tant les contradictions abondent sur des solutions de première importance.

La faute, il faut le dire, en est beaucoup à cet esprit matérialiste qui s'est si malheureusement et si complètement emparé de la science à notre époque; qui repousse, sans même vouloir les examiner et par cela seul qu'ils sont d'ordre surnaturel, tous les arguments tirés de l'action divine sur notre monde visible; qui se refuse à reconnaître aux livres saints le droit de parole dans l'étude d'un problème si compliqué, qui ne considère comme admissible que ce que ses adeptes ont bien voulu admettre.

Quoi qu'il en soit des sentiments auxquels obéissent les chercheurs, l'archéologie préhistorique nous a néanmoins déjà révélé suffisamment pour nous permettre de reconstituer quelques-unes des principales phases de l'humanité naissante.

Si la science n'est pas encore en mesure de nous prouver, comme elle y prétend, que l'homme n'est pas l'œuvre directe de Dieu et le couronnement de la création, elle est assez avancée pour nous permettre d'étudier son passé le plus proche de nous. De nos primitifs ancêtres il reste leurs ouvrages : les cavernes et les demeures qu'ils habitaient, les tombeaux où ils enfermaient leurs morts, les fortifications qu'ils construisaient, les instruments dont ils se servaient, les ornements qu'ils portaient. Ce sont là des documents précieux qui, bien interrogés, peuvent donner d'intéressantes réponses. C'est à eux que nous nous adresserons au cours de ce travail.

Comme la plupart des sciences, l'archéologie préhistorique eut les plus humbles débuts. C'est au simple examen d'os exhumés, de quelques cailloux aux contours bizarres qu'elle doit sa naissance; mais dès l'antiquité on en retrouve le germe, germe infécond qu'il était donné à un Français, Boucher de Perthes, d'animer et de développer.

Il n'est personne qui n'ait été à même de remarquer dans les musées ou dans les collections, parfois même à la surface du sol ou dans des fouilles, des silex aux formes régulières, rappelant d'une façon plus ou moins parfaite nos haches, nos couteaux et divers outils d'un usage journalier.

Cette remarque avait été faite depuis bien longtemps par nos ancêtres; mais ils attribuaient à des *jeux de la nature* ces singularités dont ils ne recherchaient pas encore la cause. L'ignorance aidant, la superstition s'en était mêlée. Ces pierres, tantôt taillées à grands éclats, tantôt polies avec soin, étaient devenues depuis bien des siècles l'objet d'un culte général qu'on retrouve, même de nos jours, sur tous les points du monde. Les Romains, les Celtes, les Danois, les Scandinaves les appelaient *pierres de la foudre* ou *du tonnerre*. Au Japon, en Asie Mineure, sur les côtes sauvages de l'Afrique, en Chine, au Brésil comme au Portugal, en Italie comme dans les Indes, partout ces pierres passent pour être d'une provenance divine.

Les couteaux en silex tranchants étaient fréquemment employés dans les rites des religions anciennes. Chez les Égyptiens, chez les Hébreux, chez les Romains, certaines cérémonies et certains sacrifices ne devaient s'accomplir qu'au moyen des couteaux de pierre; il en était de même chez les anciens peuples du nouveau monde.

Telle est la puissance des vieux usages que, pendant longtemps et à diverses reprises, soutenue par les édits des empereurs et des rois, l'Église dut intervenir pour essayer de détruire la fidélité persistante des peuples à ces usages païens.

On trouve encore sur la côte occidentale d'Afrique des sacrifices accomplis avec le couteau de pierre; et, en pleine Europe, les palikares albanais fouillent l'omoplate d'un mouton avec des silex aiguisés lorsqu'ils veulent lire dans ses fibres le secret de l'avenir.

Malgré les lumières de la foi et de la science, on signalait encore, au XVIIe siècle, les profondes racines de cette superstition. De nos jours même, s'ils ne s'en servent plus dans l'accomplissement de rites religieux, nous voyons les paysans de bien des campagnes de France et d'Europe regarder la possession d'une hache polie comme un talisman inappréciable contre les maléfices pouvant atteindre les hommes ou les bestiaux.

Néanmoins, même dès l'antiquité, quelques esprits plus éclairés ou moins superstitieux donnaient à ces objets du culte général une origine toute différente. C'est ainsi que l'empereur Auguste, au dire de Suétone, avait réuni dans un de ses palais une collection nombreuse de silex polis et d'ossements de grands animaux qu'il prenait pour les restes des géants et les armes des héros. Le moyen âge et aussi la renaissance partagèrent sur ce point l'erreur générale.

Ce fut Mercati, médecin du pape Clément VIII, qui proclama le premier, vers la fin du XVIe siècle, que « ces pierres, travaillées par la main de l'homme et qu'on voit réunies au Vatican, étaient les armes des antédiluviens, qui ignoraient encore l'usage des métaux ».

Il nous faut attendre les premières années du XVIIIe siècle, en 1709, pour voir le docteur Carl de Francfort combattre l'ignorance à cet égard. De Jussieu en 1723, Mahudel un peu plus tard, puis Lyttleton, sir W. Dugdale, John Frère en 1797, apportèrent le poids de leurs efforts pour sortir de l'ornière où la science était enfoncée relativement aux fossiles. L'aveuglement était si complet que l'illustre Camper (un de nos anatomistes les plus distingués, pourtant) attendit aux dernières années de sa vie pour admettre la possibilité d'espèces animales disparues et la contemporanéité de l'homme avec elles. Le grand Cuvier lui-même, dont on a étrangement défiguré l'opinion sur ce point, faisait quelques réserves sur la coexistence de l'homme et des animaux si brillamment reconstitués par son immortel génie.

Mais l'opinion marchait, le champ des découvertes s'élargissait sans présenter pour cela rien de précis, de défini : Jouannet en 1819, le grand géologue Buckland en 1823, Tournal en 1827, le docteur Schmerling en 1833, Joly en 1835, Alcide d'Orbigny, publiaient les résultats de leurs recherches, de leurs études ingénieuses sur ces restes d'un monde éteint qu'ils retrouvaient confondus dans les grottes et les cavernes avec les débris d'animaux de toute espèce.

Les préjugés devaient, ce semble, bientôt disparaître sous la multiplicité des preuves apportées chaque jour. Ils avaient une ténacité plus grande qu'on ne pensait. Il appartenait à M. Boucher de Perthes d'affranchir la nouvelle science de ses nombreuses entraves.

Pendant vingt ans, cet infatigable travailleur lutta par la plume et par la parole ; mais, avant sa mort, il eut le rare bonheur de voir acceptés enfin par l'opinion publique les faits qu'il avait préconisés.

Habitant Abbeville, où il s'était retiré après avoir passé une grande partie de son existence dans les fonctions administratives, il consacra sa fortune et sa vie à la poursuite de ses travaux sur l'homme. La vallée de la Somme, qu'il explora dans toutes les directions, devint l'atelier de ses découvertes, presque son champ de bataille; c'est là qu'il recueillit les éléments de ses incessantes communications aux sociétés savantes; c'est en 1863, du moulin

Quignon, à quelques pas d'Abbeville, des terrains quaternaires composant les pentes de la vallée, qu'il sortit cette fameuse mâchoire humaine dont on peut dire qu'elle bouleversa le monde savant.

Le chercheur convaincu se trouva d'abord seul en présence des hommes de science les plus éminents, presque tous coalisés contre lui. Le public l'accabla de sarcasmes, et, sans la foi robuste qui l'animait, peut-être eût-il déserté une lutte en apparence si inégale. Il avait heureusement trouvé en MM. Isidore Geoffroy Saint-Hilaire et de Quatrefages des esprits moins prévenus, qui osèrent demander que les découvertes de M. Boucher de Perthes ne fussent pas repoussées sans examen.

En Angleterre, où ses communications avaient excité l'attention, il se trouva un éminent paléontologiste, Falconer, qui, après avoir montré la plus vive hostilité, voulut vérifier les faits sur place. D'autres, parmi lesquels il convient de citer Lyell, Murchison et J. Lubbock, imitèrent cet exemple et purent se convaincre, en y participant eux-mêmes, que les découvertes du savant français établissaient des faits absolument indéniables. A leur tour, les membres de nos plus doctes compagnies visitèrent les dépôts quaternaires de la vallée de la Somme, y pratiquèrent des fouilles et furent amenés à saisir les sociétés savantes de la question controversée. La discussion lui apporta une sanction éclatante ; toutes les hésitations, tous les doutes tombèrent : la contemporanéité de l'homme et de plusieurs espèces éteintes dut être proclamée, et la science préhistorique, fondée sur les découvertes de Boucher de Perthes, s'éleva bientôt, gagnant une large et durable popularité.

Peu après, MM. Lartet et Christy, frappés des résultats que promettaient des recherches bien conduites, se réunirent pour explorer à fond les grottes de la Dordogne. De leurs nombreux travaux est née une classification encore généralement admise, malgré des progrès nouveaux, et sur laquelle est basée une grande partie de l'archéologie préhistorique.

C'est à l'observation des couches et des niveaux où se trouvent ces antiques ruines, dans les cavernes comme dans les stations humaines à ciel ouvert, que l'on doit une admirable réunion de faits et d'inductions qui permettent de reconstruire dans ses grandes lignes l'histoire de notre race, bien au delà des temps embrassés par les annales de l'humanité. La France, la Belgique, l'Angleterre, la Suisse, le Danemark, depuis peu l'Amérique, sont les pays qui ont fourni le plus de documents sur l'époque antérieure aux plus anciens monuments de l histoire.

Mais, avant d'aller plus loin, quelques notions fort courtes et très simples sont indispensables pour permettre au lecteur de saisir l'ensemble du sujet dont ce livre l'entretient.

La croûte terrestre, ainsi qu'on l'a justement fait remarquer, est comme un livre fermé offert à nos investigations, et dont les feuillets superposés sont représentés par les couches différentes du sol empilées l'une sur l'autre. Ces couches, variables d'épaisseur, ont mis dans le grand œuvre de la création un laps de temps immense avant d'être recouvertes par celles qui leur ont succédé; leur nombre considérable indique la multitude des transformations subies par notre terre avant la période actuelle. Qui veut étudier ces transformations doit soulever l'un après l'autre chaque feuillet de ce gigantesque livre et descendre successivement jusqu'aux premières couches composant l'écorce de notre planète.

Ce travail serait absolument impossible, si les cataclysmes qui ont agité le sol n'avaient ramené au jour, redressé, mis en quelque sorte debout, en bien des endroits, les couches gisant au cœur même de la terre, et ne nous avaient, pour ainsi dire, ouvert chacune des pages que nous voulons lire.

En examinant ces couches terrestres, on a bien vite

reconnu la différence de leur nature, et, pour les distinguer entre elles, on a dû adopter certaines dénominations basées sur leur composition particulière. C'est ainsi que l'on a été conduit à leur reconnaître deux origines différentes : les unes sont considérées comme dues à l'action du feu, ce sont les plus anciennes ; les autres proviennent de puissants dépôts aqueux.

Les premières sont désignées sous le nom général de terrains plutoniens, appelés aussi primaires, ou primordiaux, ou azoïques, c'est-à-dire n'ayant été habités par aucun être vivant. Les secondes couches, celles que l'eau a déposées, et que l'on a baptisées du nom de terrains neptuniens, sont de beaucoup les plus nombreuses. Pour les reconnaître, on les a divisées, d'après l'époque de leur apparition, en terrains de transition, en terrains secondaires, tertiaires, quaternaires et modernes.

De tous ces lits du sol, les derniers seulement nous intéressent ici, et nous limiterons à eux l'examen des assises dont ils se composent.

Mieux qu'une longue énumération, le tableau suivant fera connaître ce que nous avons besoin de savoir de leurs subdivisions.

TERRAINS	ÉTAGES	ASSISES PRINCIPALES
T. modernes...	....	Dépôts lacustres et fluviatiles. Dunes.
T. quaternaires.	....	Diluvium rouge. Lehm ou læss supérieur. Diluvium gris. Læss du Rhin, d'origine glaciaire.
T. tertiaires...	Pliocène...	Sablières de Saint-Priest.
	Miocène...	Molasse d'eau douce. Sables de l'Orléanais. Faluns de la Touraine. Calcaire de la Beauce.
	Éocène...	Gypses et marnes de Paris et d'Aix en Provence. Calcaire grossier parisien. Argile de Londres.

L'épaisseur de ces terrains, bien que comprenant un plus grand nombre de couches, est moindre que celle de leurs aînés. Tandis qu'on évalue à 23 000 mètres l'épaisseur des terrains primitifs, à 14 000 mètres celle des terrains de transition, les terrains secondaires n'ont plus que 5 000 mètres, ceux des temps tertiaires 1 000 mètres, et les temps quaternaires nous ont laissé un dépôt épais de 200 mètres seulement. En sorte que, si l'on mesure la durée d'un âge géologique à la puissance des couches par lesquelles il se manifeste, on peut dire que l'âge primordial a duré, à lui tout seul, beaucoup plus que les quatre autres ensemble.

Hâtons-nous d'ajouter : rien n'est plus incertain que des calculs de ce genre, par suite des innombrables causes qui ont pu et dû changer les termes du problème pendant et depuis la formation des couches qu'on veut estimer.

Par l'ordre dans lequel ils sont placés, et auquel il sera bon de se reporter de temps à autre, nous pourrons d'un seul coup d'œil nous rendre compte de l'ancienneté des objets dont nous aurons à parler; nous verrons que, généralement, leur antiquité remonte d'autant plus haut que le terrain qui les recélait est placé plus bas.

Ne nous laissons pas rebuter par les dénominations un peu étranges qu'il nous faut retenir; notre attention sera bientôt récompensée de ses efforts par d'intéressantes communications.

Enfin, il est un terme dont on a singulièrement abusé dans le sujet qui nous occupe, et dont il est indispensable de préciser la portée.

En désignant les espèces d'animaux dont les ossements venaient au jour, on a dit : ce sont des *fossiles*. Ce terme parut commode, et l'on prit l'habitude de l'appliquer à tout ce qu'on extrayait des entrailles du sol : c'est ainsi qu'on fut amené à dire *l'homme fossile*, en parlant des ossements humains joints à ces débris.

Rien n'est plus inexact : sans passer en revue toutes les

dénominations tentées pour classer les produits des fouilles, il suffira de dire qu'on doit entendre par *fossiles* tout être organisé dont l'espèce, retrouvée à l'état de ruines, n'existe plus à l'état vivant, est *éteinte*. C'est assez dire que ce terme ne saurait s'appliquer à l'homme, malgré la persistance avec laquelle plus d'un savant conserve encore cette désignation.

CHAPITRE II

L'HOMME TERTIAIRE ET L'HOMME QUATERNAIRE

L'homme tertiaire a-t-il existé? — L'abbé Bourgeois. — Les ossements striés de l'époque tertiaire. — Les révélations du sol quaternaire. — La période glaciaire. — Abondance des débris. — Classifications. — Comment on doit entendre les noms d'âges de la pierre, du bronze, du fer. — Pourquoi nous abandonnons les classifications admises. — Analogies entre les sauvages modernes et les hommes primitifs.

A mesure qu'on cherche à les approfondir, on s'aperçoit combien sont difficiles à résoudre les problèmes se rattachant aux origines de l'homme.

Comme s'il ne suffisait pas de tous les mystères qui l'enveloppent encore, l'ardeur des découvertes a, depuis quelques années, fait surgir une interrogation nouvelle qui a mis le désarroi dans le camp des savants. L'homme a vécu aux époques tertiaires, a-t-on déclaré après examen de quelques silex sur lesquels on a voulu reconnaître l'action de sa main.

M. l'abbé Bourgeois, ayant rencontré dans la molasse des terrains tertiaires, à Thenay, près de Pontlevoy, des silex non roulés semblant avoir subi une taille, se trouve avoir fourni le point de départ de toute la controverse sur l'existence de l'homme tertiaire. Hâtons-nous d'ajouter : malgré des semblants de preuves apportées par des découvertes analogues en Italie, en Portugal, en Espagne, en Angleterre et en Amérique, malgré la possibilité reconnue pour l'homme de subsister dans les conditions climatériques de la terre à cette époque, les gens les plus disposés tout d'abord à admettre les conclusions de l'abbé Bourgeois ont senti le doute naître dans leur esprit. Aujourd'hui rien n'est moins admis que la présence de l'homme à l'époque du pliocène et surtout à celle du miocène.

Certains ossements de cétacés et de divers mammifères de l'époque, portant des stries régulières et d'un caractère tout particulier, semblaient n'avoir pu être entamés que par un travail humain. Un examen plus approfondi, des expériences soigneusement faites, ont démontré que ces marques étaient dues à des rongeurs et à des poissons.

Dès lors on peut dire que l'homme tertiaire retombe dans le domaine des hypothèses.

Il n'en est pas de même pour l'homme quaternaire, puisque ses débris, ainsi que nous l'avons vu précédemment, se rencontrent dans les terrains diluviens mêlés aux ossements des animaux qui caractérisent ces terrains.

Ces ossements se retrouvent à chacun des étages de l'époque quaternaire. Malgré les réserves exprimées par le grand Cuvier lui-même et, à son exemple, par plusieurs de ses disciples les plus marquants, il est acquis que l'homme a vécu en compagnie du grand ours, du mammouth, du glyptodon, du rhinocéros à toison, du mastodonte, du grand chat des cavernes, du mégacéros et d'une grande quantité d'autres animaux dont la race a disparu, mais dont les débris, d'une admirable conservation, se trouvent associés à ceux de l'homme. Ils se présentent à nos regards étonnés dans les conditions d'une telle vérité et d'une telle variété que l'on peut reconstituer, grâce à eux, le passé de l'humanité, du moins celui qui se rapproche le plus de nous.

C'est par eux et par l'étude comparée des terrains qu'on a pu résoudre un des plus graves problèmes de la science préhistorique : déterminer si l'homme est antérieur ou postérieur à cette fameuse époque glaciaire qui signala les temps quaternaires.

Nul ne l'ignore : des masses effroyables de glaces mises en mouvement par une cause encore indéterminée, malgré les efforts de la science pour pénétrer ce problème, ont envahi principalement l'Europe septentrionale et centrale. Le même phénomène s'est manifesté à des époques différentes et avec une intensité variable à peu près sur tous les points du globe ; il semble n'avoir guère épargné qu'un petit nombre de points situés dans les contrées les plus chaudes.

Ces faits généraux bien constatés ne permettent plus d'assigner aux phénomènes glaciaires, appelés aussi *déluge glaciaire*, un synchronisme qu'on leur avait généralement appliqué. Il est maintenant entendu que l'on doit désormais reporter à la *période des glaciers* les effets produits aux divers temps préhistoriques par les puissantes masses de glace qui ont partout laissé des témoignages irrécusables de leur passage.

Or nous savons aujourd'hui que l'homme, prédestiné par Dieu aux plus hautes destinées, a pu, sans disparaître, traverser cette épreuve redoutable. Nous le verrons vivant dans des contrées envahies par les glaciers, se retirant devant eux, puis, par-dessus les débris et les couches de ce grand bouleversement, accumuler de nouveaux vestiges de sa présence là même où il avait autrefois vécu.

Ces vestiges existent en quantités innombrables, et s'il est un sujet d'étonnement, c'est de voir combien de siècles se sont passés sans que l'attention de nos pères en ait été plus vivement frappée.

Les ruines de toute nature par lesquelles nous constatons la présence de l'homme se rencontrent dans toutes les contrées du monde. Celles que l'on a le plus étudiées jusqu'ici proviennent de la France, de la Belgique, de l'Angleterre, du Danemark, de l'Italie, de la Suisse et de l'Espagne. Mais, pour ne citer que les pays européens, la Russie, la Suède, l'Autriche, la Grèce, le Portugal, la Hollande, l'Allemagne, nous fournissent aussi d'abondantes preuves de l'antique séjour de l'homme.

Les investigations ne se sont pas bornées à l'Europe. Sur tous les points du globe l'attention s'est éveillée; on a fouillé de toutes parts le sol si vieux de l'Amérique du Nord, celui plus ancien encore du Brésil et du Pérou. On a demandé à la vieille terre des Pharaons de révéler ses secrets, et, chose curieuse! cette contrée si féconde en débris de toute sorte, si riche en souvenirs des antiques civilisations, est une de celles qui ont le moins répondu aux interrogations sur les temps préhistoriques.

La Chine, l'Asie centrale, les déserts glacés de la Sibérie, le vieux sol des Indous, la Polynésie, l'Arabie jusque dans ses régions les moins fréquentées, l'Asie Mineure, ont été l'objet des recherches les plus persévérantes. Les côtes inhospitalières de l'Afrique, ses profondeurs les plus inaccessibles, ses déserts les plus brûlants ont été interrogés. Et tous, du nord au midi, de l'est à l'ouest, les pays les plus civilisés comme les contrées les plus arriérées nous ont attesté que l'homme avait depuis longtemps foulé leur sol, que partout il avait laissé des traces analogues de son passage, que ses manifestations suivaient un ordre sensiblement le même, progressant à peu près de la même façon, et qu'il ne différait de lui-même que par la durée des étapes qui l'avaient amené à la civilisation ou qui devaient l'y conduire.

Non seulement les traces de l'homme se rencontrent partout, mais elles s'y rencontrent avec une abondance stupéfiante. C'est souvent par milliers que l'on compte les objets extraits d'une seule fouille; parfois le sol est couvert sur une longueur de plusieurs centaines de pas des vieux produits de l'industrie humaine.

La multitude de ces témoins, les différences qui les caractérisent, les conditions diverses de leur rencontre ont amené à introduire une classification qui permît de déterminer leur nature, leur âge, par conséquent leur histoire.

La pierre, l'os, la corne, le bronze et le fer sont les matériaux qui les constituent et sur l'emploi desquels on s'est d'abord basé pour leur assigner un âge. Il a fallu bientôt reconnaître qu'un instrument de pierre n'était pas antérieur à un instrument de bronze ou de fer par cela seul qu'il était en pierre ou qu'il se trouvait dans une couche plus profonde du sol, puisqu'on en trouvait soit en compagnie d'instruments en métal, soit à des niveaux plus élevés.

On a ensuite adopté pour les âges préhistoriques des divisions séduisantes par leur commodité, et l'on a créé l'âge de la pierre, se subdivisant en pierre taillée et en pierre polie, l'âge du bronze, l'âge du fer. L'impossibilité d'établir un synchronisme entre les différents faits ayant été démontrée, on s'est avisé de fixer sur une double base la chronologie de ces époques reculées.

La première, qui est exacte, permet d'affirmer que de tout temps, avant de connaître les métaux, l'homme a commencé par se servir de la pierre, puis de l'os et de la corne; que l'emploi du bronze a précédé celui du fer, et que de cette période date véritablement pour lui l'ère de la civilisation *matérielle*, quelle que soit l'époque reculée ou récente à laquelle il y soit entré.

La seconde base, moins certaine, s'appuie sur la contemporanéité de l'homme avec les animaux disparus, et en suivant la chronologie *apparente* de leur disparition.

De cette façon furent créés :

1° L'âge du grand ours des cavernes et du mammouth;
2° L'âge du renne;
3° L'âge de la pierre polie.

Dans ce dernier surtout, une telle confusion pouvait s'introduire par l'abondance des subdivisions, il y eut tant

AGES	PÉRIODES	ÉPOQUES	CARACTÈRES DISTINCTIFS DE CHAQUE ÉPOQUE
PIERRE	Éolithique ou tertiaire.	1° DE THENAY (Loir-et-Cher).	Pierre éclatée au moyen du feu et offrant quelques signes de retailles.
PIERRE	Paléolithique ou de la pierre taillée.	2° DE SAINT-ACHEUL (Somme).	Premiers instruments de forme caractérisée ; type en amande ou *langue de chat* ; absence d'instruments en os.
PIERRE	Paléolithique ou de la pierre taillée.	3° DU MOUSTIER (Dordogne).	La forme triangulaire est la forme dominante : les objets de cette période ne sont retaillés que d'un seul côté.
PIERRE	Paléolithique ou de la pierre taillée.	4° DE SOLUTRE (Saône-et-Loire).	Période remarquable par la taille à grands éclats dénotant une extrême habileté. Les instruments sont retaillés des deux côtés et à chaque extrémité. Les flèches à pédoncule apparaissent.
PIERRE	Paléolithique ou de la pierre taillée.	5° DE LA MADELEINE (Dordogne).	C'est à ce moment que se manifeste le grand développement des outils en silex. Les instruments en os, en corne et en bois de renne occupent une large place. C'est l'époque des gravures et des sculptures si curieuses des temps préhistoriques.
PIERRE	Néolithique ou de la pierre polie.	6° DE ROBENHAUSEN (canton de Zurich).	La matière rocheuse des haches varie ; les instruments reçoivent un polissage. Premiers vestiges d'une grossière poterie ; grottes sépulcrales artificielles ; premières habitations lacustres.
BRONZE	Du bronze.	7° DE MORGES (canton de Vaud).	Apparition du bronze : les objets sont simplement fondus. Haches grossières et épées courtes.
BRONZE	Du bronze.	8° DE LARNAUD (Jura).	Objets martelés ; haches à ailerons et à douille ; grandes épées.
FER	Des tumulus.	9° DE HALLSTATT (Haute Autriche).	Apparition du fer ; vases à formes dites étrusques. Commencement des fibules, torques et rasoirs en bronze ; grandes épées de fer ; tumulus.

de chances d'erreurs, que M. de Mortillet, un de nos plus savants paléontologistes, proposa un autre classement basé sur l'état de l'industrie primitive caractérisée par le lieu d'origine.

Bien que cette division des temps préhistoriques menace de disparaître comme celles qui l'ont précédée, nous l'avons partiellement reproduite en un tableau synoptique parce qu'elle est la plus récemment adoptée, et que c'est d'après les types déterminés par son auteur qu'ont été classés les objets composant le magnifique musée préhistorique de Saint-Germain.

Son auteur, M. de Mortillet, l'a également augmentée de plusieurs périodes qui embrassent l'histoire de la Gaule jusqu'au moyen âge. Le cadre de notre ouvrage ne s'étend pas jusque-là; nous nous bornons à étudier l'homme et son industrie jusqu'au moment où il est possesseur du fer. A nos yeux, comme à ceux des hommes les plus autorisés, la possession de ce métal a été le véritable commencement de la civilisation, le point de départ de la prospérité, de la grandeur des nations, l'agent le plus actif et le plus puissant du développement *matériel* des peuples.

Quant à l'époque de Thenay, ce n'est encore qu'une hypothèse basée sur une trop grande ardeur scientifique; nous estimons donc faire assez en la mentionnant sans nous y étendre.

Ce sont précisément ces désaccords des savants, les difficultés de bien déterminer la date à laquelle appartiennent les objets préhistoriques en raison des conditions fort souvent contradictoires où ils se rencontrent, qui, dans cette courte étude, nous font abandonner toute classification. Au point où en est encore cette science nouvelle de l'archéologie préhistorique, ces divisions semblent prématurées.

Un seul point est acquis, c'est que tous les peuples ont commencé par l'âge de pierre; c'est partout le signe de la première enfance de la civilisation; mais rien ne permet de fixer la durée de cette période, pas plus que de déterminer l'ordre précis ni la durée des époques suivantes.

Si la pierre, le bronze, le fer marquent bien les trois principales étapes de toute civilisation, il ne s'ensuit pas rigoureusement que tous les peuples ont parcouru ces trois étapes ni surtout qu'ils les aient parcourues aux mêmes époques. La tradition et, plus tard, l'histoire nous l'affirment; les faits actuels nous le prouvent.

Les fouilles faites sur l'ancien sol de Troie par le docteur Schliemann nous montrent des armes de bronze et des silex de toutes formes associés aux plus riches vases d'or et d'argent : nous savons d'ailleurs que l'épopée d'Homère remonte à l'âge de la pierre polie dans cette contrée de l'Asie. Les Éthiopiens de Xerxès, dont la civilisation passait pour mère de celle des Perses, étaient armés de pierres et de cornes d'antilopes. Les fouilles du camp d'Alésia nous disent que les glorieux soldats de Vercingétorix combattaient César avec des armes de pierre, de bronze et de fer. Les Anglais à Hastings, en 1066, et les Écossais de Wallace, en 1298, possédaient encore des armes de pierre. Au IXe, au Xe et même au XIVe siècle, nous retrouvons cet armement chez divers peuples de l'Asie et de l'Afrique.

De nos jours, les Mexicains pratiquent la saignée avec des éclats d'obsidienne, tout comme leurs pères. Les chaudronniers irlandais se servaient encore récemment de lourds marteaux en pierre; le même usage se retrouve aussi dans plusieurs exploitations minières de la Sibérie.

Mais si nous voulons jeter un regard sur une multitude de peuplades encore sauvages, nous serons bien davantage convaincus de l'impossibilité d'appliquer un synchronisme aux temps préhistoriques, puisque, à proprement parler, l'âge de pierre existe toujours.

Ces grossières peuplades, dont plusieurs associent l'usage du métal à celui de la pierre, dont certaines même ne possèdent pas un seul instrument métallique, offrent un point de comparaison fort utile pour l'archéologie préhistorique. Elles sont, par rapport aux peuples civilisés, ce que sont, aux yeux du paléontologiste, les quelques animaux exotiques qui lui représentent les races éteintes et l'aident à les comprendre. De même que les pachydermes fossiles, les marsupiaux disparus, etc., ne pourraient être compris sans les éléphants de l'Asie et de l'Afrique, sans les marsupiaux de l'Australie et de l'Amérique, de même nous comprendrons mieux les hommes primitifs de l'Europe en comparant leurs armes, leurs ustensiles, leurs mœurs aux races sauvages répandues dans le monde.

Ce sont toutes ces considérations qui nous ont déterminé à ne suivre dans l'étude à laquelle nous nous livrons d'autre chronologie que celle de la pierre, du bronze et du fer. Mais il nous a paru que cette base n'était pas suffisante. Privé de la culture de l'esprit, l'homme, à tous les degrés de civilisation et de tout temps, n'a jamais eu qu'une tendance : satisfaire ses besoins animaux, obéir aux simples lois de la nature.

Or la faim et le froid sont les deux plus grands ennemis de notre espèce; c'est à les combattre que tous nos arts s'appliquent plus ou moins immédiatement, et c'est en cela seul que consiste véritablement cette lutte pour l'existence que les savants de l'école moderne ont singulièrement déviée de son vrai sens. Contre ces deux ennemis s'emploient et les palais et les cabanes, le pain chétif du pauvre et les mets recherchés du riche, la pourpre des grands et les haillons de la misère.

Par conséquent, l'architecture et les arts libéraux, l'agriculture et l'industrie, la navigation, le commerce, la plupart des guerres même, tout cet immense développement de courage et de génie, ce grand appareil d'efforts et de connaissances qu'ils exigent n'ont pas d'autre objet final que de combattre la faim et le froid.

Il n'y a donc plus lieu de s'étonner que, dès sa naissance, l'humanité ait concentré toutes ses forces à l'acquisition des moyens tendant à ce but.

Ce sont les résultats obtenus dans ce sens, pendant ses premiers temps, que nous allons faire passer sous les yeux. Nous allons voir par quels moyens l'homme combattait la faim et le froid, par conséquent quelle était sa nourriture, son habitation, ses vêtements, quels outils il employait pour se les procurer. Après avoir vu comment il se comportait pendant sa vie, nous verrons comment il était traité après sa mort.

DEUXIÈME PARTIE

LA NOURRITURE

CHAPITRE I

CE QUE MANGEAIENT LES PREMIERS HOMMES

L'homme n'a pas été créé carnivore. — Sa nourriture s'est modifiée suivant le milieu qu'il a habité. — Les premiers Européens se nourrissaient de chair. — L'homme primitif ne mangeait pas comme mangent ses descendants. — Les os fendus.

Bien que l'homme soit omnivore, nous n'apprendrons rien à personne en rappelant que, par nature, il est frugivore. La conformation de son canal digestif et de son système dentaire le rapproche beaucoup des singes, qui sont presque tous frugivores dans l'état de nature.

Il devait donc se nourrir primitivement de fruits et de racines; s'il mangeait de la viande, il devait la dévorer crue. La nécessité seule l'a rendu omnivore. Tantôt dans l'abondance et tantôt dans la disette, il se contentait des ressources aléatoires que lui offraient son existence nomade ou les insuccès de la chasse, et devait se borner souvent à la nourriture que la nature mettait à sa disposition.

Autrefois, tout comme maintenant, son instinct lui faisait rechercher de préférence les aliments que réclamaient les climats divers sous lesquels il vivait. Nous reconnaissons, par leurs restes, que les peuples qui les premiers peuplèrent l'Europe, dont le climat était plus froid qu'aujourd'hui, étaient de grands mangeurs de viande, tandis que les mêmes indications sont plus rares dans les pays à climat chaud.

La chair de l'ours, du cheval, du mammouth, du rhinocéros et d'une quantité d'autres mammifères, formaient le fond des repas; on variait par des fruits et des baies sauvages, les glands du chêne et quelques coquillages d'eau douce. Mais le régal par excellence était la moelle des os et la cervelle. Partout les fouilles ont montré, fendus dans leur longueur, les os contenant la matière médullaire et les crânes des animaux tués à la chasse, absolument comme le pratiquent encore les sauvages du Nord.

Nous savons, à n'en pouvoir douter, que l'homme non civilisé ne mangeait pas comme nous mangeons nous-mêmes; il ne broyait pas ses aliments de la même façon que nous. Au lieu de se croiser l'une sur l'autre, les deux mâchoires se superposaient, et les incisives, au lieu d'être taillées en biseau comme celles des hommes modernes, sont usées à plat de la même façon que les molaires. Les crânes de tout âge et de tout sexe que l'on a étudiés à ce point de vue présentent les dents incisives usées et plates à la partie supérieure de la couronne. Les momies égyptiennes présentent cette même particularité, ainsi que les Groënlandais de nos jours. Or les Groënlandais, pour manger, saisissent la chair avec leurs incisives et coupent le morceau avec un couteau à tranchant transversal comme le ciseau du menuisier (voir le frontispice). La même remarque a été faite à l'égard de plusieurs tribus sauvages de l'Afrique et de l'Amérique du Nord.

CHAPITRE II

LE FEU

Son origine. — Ses procédés d'extraction jadis et aujourd'hui. — Son application aux besoins des premiers hommes.

L'homme primitif connaissait-il le feu?

Si l'on accepte comme vrai le tableau navrant de l'être dégradé, plus bête sauvage que créature intelligente, qui nous est présenté sous le nom d'homme par les adeptes de la science appelée transformisme, il sera permis de douter que le premier être humain ait jamais été en possession du feu. D'autre part, ceux qui veulent voir dans les cailloux calcinés de la période de Thenay l'effet d'une volonté, prétendent que ce n'était plus un animal et pas encore un homme qui en était l'auteur.

Sur ce point, comme sur tant d'autres, s'élève un profond désaccord. Nous qui pensons avec les livres saints, avec les savants les plus autorisés, que l'homme fut vraiment l'œuvre directe de Dieu, nous pensons aussi qu'il fut, presque à son origine, en possession du feu. Il ne put manquer d'observer les ravages des volcans, l'éclat de la foudre, et l'on peut dire presque sûrement que le premier tison fut emprunté à une forêt incendiée par le feu du ciel.

Quoi qu'il en soit, si haut que remontent et la tradition et les monuments sans date laissés par l'homme, nous voyons le feu jouer un rôle considérable, immense, prépondérant dans la civilisation en enfance.

Il est moins difficile de dire comment les premiers hommes se le procuraient, si nous examinons les procédés qui étaient en usage aux époques les plus reculées et qui servent encore aux peuplades arriérées.

Le choc de deux cailloux, en produisant des étincelles, dut évidemment conduire à l'idée de fixer le feu qui s'en échappait. Néanmoins plus d'un auteur pense que le procédé le plus ancien consiste à frotter l'un contre l'autre deux morceaux de bois sec.

Ce procédé s'appliquait lui-même de diverses façons : la plus simple de toutes, celle qui se pratique encore à Taïti, à Tonga, à la Nouvelle-Zélande et dans diverses îles polynésiennes, consiste à faire glisser, par un rapide mouvement de va-et-vient, la pointe d'un bâton de bois dur sur un morceau de bois tendre et sec placé à terre.

Le même résultat s'obtenait en tournant vivement le bâton dans une cavité de bois sec. Ce procédé, qu'on retrouve en Australie, à Sumatra, au Kamtchatka, en Chine, dans l'Afrique Australe, dans les deux Amériques, a subi diverses modifications qui reposent toutes sur le même principe.

Une antique peinture nous apprend que les anciens Mexicains n'employaient pas d'autre méthode; les Yenadis de l'Inde méridionale, les Vaddas de Ceylan n'ont rien changé à ce primitif usage. Les Gauchos de l'Amérique méridionale appuient contre un arbre le bois à enflammer, y appliquent fortement l'extrémité d'une baguette cintrée, et lui impriment un vif mouvement de rotation comme à un vilebrequin. Les Esquimaux insèrent un des bouts du bâton dans un dé de bois sur lequel ils pèsent avec la mâchoire, pendant qu'avec les deux mains ils tirent alternativement les deux extrémités d'une courroie faisant deux fois le tour du bâton ; c'est le plus primitif des archets. Les Sioux, les Indiens du Canada et les Iroquois se servent soit d'un véritable archet, soit d'un petit arc pour déterminer la rotation nécessaire.

Les Chinois obtiennent du feu en choquant deux morceaux de bambou; les Malais, plus avancés sans le savoir, se servent habituellement d'un instrument qui se rencontre dans nos cabinets de physique sous le nom de briquet à air; ils obtiennent l'inflammation par la compression de l'air dans un tube d'ivoire ou de bois.

Tous recevaient ou reçoivent la première étincelle sur le champignon nommé bolet amadouvier, sur des écorces ou des feuilles desséchées, sur des fibres végétales préalablement carbonisées ou de la mousse séchée entre les mains.

Mais, selon toute apparence, ces divers procédés plus ou moins perfectionnés n'étaient pas toujours à la portée de nos premiers ancêtres; il était de la plus haute importance de n'avoir pas à y recourir trop souvent. Dans ce but on évitait de laisser éteindre le feu ravi si péniblement, et la tribu ou la famille emportait dans ses voyages, ainsi que les Australiens, des torches ou des tisons qu'on entretenait soigneusement.

La preuve enfin que le feu dut être connu des premiers hommes, c'est que l'on ne trouve presque pas de signes de son passage ou de son séjour qui ne soient accompagnés de marques dues au feu : de nombreux foyers, des cendres, du charbon, des os plus ou moins calcinés, des fragments de poterie noircis par la fumée.

Outre l'usage qu'il en faisait pour apprêter sa nourriture, l'homme primitif donnait au feu un rôle considérable dans les cérémonies funèbres et dans toutes les branches de sa grossière industrie.

Par lui il creusait ses pirogues et préservait les pieux sur lesquels nous verrons qu'il établissait sa demeure. Il avait su l'appliquer à chauffer et à éclairer sa misérable caverne. Nous savons, par des débris retrouvés, qu'il introduisait une mèche de mousse dans le corps graisseux d'un grand pingouin, et que l'oiseau se consumait ainsi servant de lampe.

CHAPITRE III

LA CHASSE

Le gibier de l'homme primitif. — Preuves tirées des faits et des monuments laissés par nos premiers aïeux. — Restes des cavernes. — Le potage de mammouth.

La principale ressource de l'homme à l'état primitif était la chasse.

Disons-le tout de suite, le gibier qu'il poursuivait dans notre pays ne ressemblait en rien à celui qu'il peut faire tomber aujourd'hui sous ses coups. En Europe, dont la température, avant la période des glaciers, était une température chaude et humide, c'étaient l'aurochs, l'élan, le bœuf musqué, le renne, le mammouth, l'ours des cavernes, l'urus ou grand bœuf, le rhinocéros à narines cloisonnées, le cerf à bois gigantesque, le cheval, la chèvre, le bouquetin, le chamois. En Amérique, il s'attaquait à ces géants qu'on appelait le mastodonte, le megatherium, le mylodon, le megalonix. En Polynésie, il combattait les gigantesques dinornis, le palaptéryx et l'épiornis.

Quand ses armes se perfectionnèrent, il chercha et parvint à atteindre les oiseaux, parmi lesquels il distingua surtout le coq de bruyère, le cygne sauvage, le grand pingouin et bien d'autres espèces.

Mais l'homme n'avait pas seulement à poursuivre le formidable gibier que nous venons de nommer; il avait aussi à se défendre contre de redoutables carnassiers, parmi lesquels nous ne citerons que l'ours des cavernes et

Mammouth restauré.

les hyènes, dont les innombrables restes disent assez combien ils abondaient dans nos contrées.

L'ours dont il s'agit habitait surtout les cavernes, et différait des ours actuels par un front bombé et une taille plus considérable. Il mesurait six pieds en hauteur et neuf pieds en longueur.

Il en était de même pour l'hyène, dont la principale espèce dépassait de beaucoup en grandeur et en force les hyènes actuelles.

Les procédés employés de nos jours nous expliqueront comment l'homme, si mal armé, si dépourvu, ne craignait pas de s'attaquer aux colosses de la création, alors que nous, qui possédons de si formidables engins de destruction, nous comptons à peine quelques hommes assez hardis pour se mesurer avec des animaux assurément moins

Cerf à bois gigantesque.

dangereux que ne l'étaient ceux contre lesquels nos premiers ancêtres entraient continuellement en lutte. Faut-il en conclure, avec un physiologiste distingué, que l'homme est constitué de façon telle qu'il ne peut dépenser à la fois et ses forces physiques et ses forces intellectuelles, qu'il ne saurait dépasser une certaine somme d'efforts, et que ces efforts sont d'autant plus faibles intellectuellement qu'ils sont plus redoutables physiquement, et *vice versa*? En un mot, ramenant la proposition presque à une formule, la proportion des forces physiques serait en raison inverse des forces intellectuelles, et réciproquement ; autrement dit : l'homme civilisé étant incapable des efforts physiques de l'homme rudimentaire, l'homme sauvage dépense en forces matérielles ce que l'homme policé dépense en forces intellectuelles.

Megatherium restauré.

Pas plus que les mœurs des animaux qu'il s'agit d'attaquer, les procédés des peuplades primitives n'ont varié. Ce que nous voyons pratiquer encore en Afrique par les nègres les plus arriérés, pour s'emparer de l'éléphant ou des grands animaux, César nous l'apprend dans ses *Commentaires* à propos des Gaulois. On peut donc dire que la réflexion suppléait, chez nos premiers pères, à l'insuffisance de l'armement.

Avec de simples pointes en pierre, des lances, des javelots misérables, ils ne craignaient pas de s'attaquer aux colosses les plus formidables. Tout porte à croire qu'ils creusaient des fosses profondes et étroites munies d'un pieu aigu sur lequel venait s'empaler l'animal poursuivi, et que l'emploi des armes avait lieu seulement après la prise et pour amener la mort : de sorte que, comparant l'importance de la proie à la faiblesse des moyens, on peut dire que ces colossales victimes étaient tuées à coups d'épingle.

C'est mieux que par de simples conjectures ou des déductions ingénieuses qu'on a établi la coexistence de l'homme et des animaux qu'on dit avoir été ses contemporains, bien que l'espèce en ait totalement disparu : c'est par les faits les plus probants.

La vallée de la Somme et mille autres endroits ont présenté aux regards des chercheurs les dents, les os, les crânes du renne, des grands ours, du mammouth, de l'éléphant et de bien d'autres congénères couverts de marques faites par la main de l'homme : rayures provenant du couteau, traits creusés par la scie de silex, etc. On a trouvé de nombreux ossements portant la trace indubitable de blessures, les unes graves, les autres non mortelles, indiquant un travail de réparation; on a pu ramasser à plusieurs reprises l'instrument lui-même, pointe de flèche ou lance, encore inséré dans l'os qui en avait été frappé.

Comme si, pour écrire leur histoire, il ne suffisait pas des ruines qu'ils laissaient après eux, les hommes de l'époque de la Madeleine, animés d'un sentiment artistique encore inconnu, nous montrent, gravés en traits fidèles et presque savants, les animaux au milieu desquels ils vivaient. Sur des dents d'ours, sur des omoplates de renne, sur des ossements divers, sur le grès, sur la pierre ou le schiste, ils nous représentent l'hyène, le chat des cavernes, l'aurochs, le renne, le phoque, le caïman, la baleine, le rhinocéros, le grand ours.

Peut-on désirer une plus sérieuse preuve de contemporanéité que cette fameuse relique représentant un mammouth gravé sur une défense même de cet animal, recueillie par M. Lartet, en 1864, dans la grotte de la Madeleine, et depuis à Laugerie-Basse, dans la Dordogne?

Quand on se reporte aux amoncellements considérables formés par les débris enfouis, quand on songe que Buckland retirait d'une seule caverne les os de trois cents félidés; qu'à Külock on a rencontré plus de deux mille cinq cents ours, à Gayleureuth plus de huit cents; qu'il

Mammouth gravé sur une défense de cet animal.

fallut, à plusieurs reprises, enfouir les quantités d'ossements qu'on ne pouvait emporter; quand M. Piette a compté plus de trois mille rennes reconnus par lui dans les grottes du Midi, et que la station de Solutré est estimée contenir les ossements de plusieurs centaines de mille de chevaux; quand on se figure ces ossuaires innombrables et si importants, on est amené à assigner une durée bien considérable aux âges écoulés ou à conclure que la faune de ces époques était d'une abondance qui dépasse nos estimations actuelles.

On peut affirmer, en s'appuyant sur plusieurs raisons dont le développement serait ici hors de propos, que ces époques passées n'ont point eu la durée qu'on se plaît à leur donner. La disparition relativement rapide et récente des animaux éteints confirme ce sentiment.

Nous savons que le renne vivait encore dans nos climats

Dinornis restauré.

aux derniers temps quaternaires, que l'aurochs remplissait les forêts gauloises; l'éléphant, autrefois capturé par les Romains dans notre colonie d'Afrique, ne se rencontre plus qu'au delà du Sahara; il n'existe plus dans les possessions anglaises du sud de l'Afrique, et il aura bientôt disparu de Ceylan sous les coups des chasseurs. On connaît exactement chaque année le nombre de lions vivant en Algérie, alors que son territoire était ravagé par eux aux premiers temps de notre conquête. Les hippopotames ont disparu des rives du Nil depuis qu'il est fréquenté par la navigation. Les Maoris de la Nouvelle-Zélande racontent avec orgueil et regret les combats homériques de leurs ancêtres contre les *moas*, dont les bandes innombrables leur avaient jadis empêché le séjour de l'île. N'a-t-on pas vu, au XVIIᵉ siècle, des Madécasses venus à l'Ile-de-France pour acheter du rhum, recevoir leur marchandise dans des vases d'une capacité de huit litres, qui n'étaient autre chose que des œufs d'épiornis? Dans les relations qu'il nous a laissées de ses voyages, Marco Polo, au XIIIᵉ siècle, parle, comme d'un animal vivant, de l'oiseau gigantesque qui pondait ces œufs, dont on peut voir trois exemplaires au muséum de Paris.

Il faut donc conclure à l'extrême abondance de la faune aux temps quaternaires, puisque, vivant des seuls produits de leur chasse, nos plus antiques ancêtres étaient en déplacements continuels et ne pouvaient trouver que dans des contrées giboyeuses les animaux nécessaires à leur nourriture.

On a essayé d'apprécier la valeur de la nourriture de nos ancêtres en analysant les os qui restaient de leurs repas; mais rien n'est plus variable que les conditions où ces os étaient placés. La nature de l'os, celle du sol, son état de siccité, la profondeur de l'enfouissement influent sur la conservation. Des expériences faites à ce sujet, il résulte que beaucoup de ces os antiques ne contiennent plus du tout de matière organique; d'autres en contiennent jusqu'à vingt pour cent.

Ce résultat a éveillé la curiosité des chimistes, et l'un d'eux a eu l'idée originale de préparer avec des os de mammouth une véritable gelée comestible. Les naturalistes allemands, réunis au congrès de Tubingue, en 1866, sont même allés plus loin : ils se sont donné le plaisir de manger une soupe à la gélatine de mammouth, provenant d'os ayant fourni jusqu'à trente pour cent de matière animale.

CHAPITRE IV

LA PÊCHE

Les hameçons, les harpons, les aiguilles à pêcher. — Les nasses, les filets. — Les embarcations, la navigation. — Les poissons et les coquillages pêchés par les premiers hommes.

Par la force même des choses, le poisson entrait pour une large part dans l'alimentation des premiers hommes. L'un de ses principaux soucis fut assurément de s'emparer des habitants de l'eau, dont la capture n'offrait pas les dangers qui le menaçaient à la chasse.

Le harpon et l'hameçon furent employés dès la plus haute antiquité : le harpon pour percer la proie qui se laissait surprendre, l'hameçon pour mettre à profit son instinct glouton. Probablement que les nombreux harpons trouvés dans certaines stations étaient destinés à la pêche d'hiver, alors que le poisson venait respirer à l'orifice des trous creusés dans la glace. Ces harpons, tantôt en corne et tantôt en os, présentent absolument, comme ceux des Esquimaux actuels, des barbelures sur un seul côté.

Quant aux hameçons, toute matière dure pouvant former crochet était employée; la ligne se composait de lanières de cuir découpées dans une peau fraîche, et, plus tard, de tendons rabouliis l'un à l'autre. Un des plus anciens spécimens de ces hameçons a été formé avec des molaires d'ours un peu évidées, de façon à agrandir le crochet formé par la racine. D'autres, trouvés sur divers points de la Scandinavie, de la France, de l'Italie, semblent provenir des îles Kourilas ou du Groënland, tant ils sont identiques à ceux des tribus qui habitent ces parages.

Les archéologues se sont demandé pendant longtemps ce que pouvaient bien être certains légers éclats d'os, de

Harpon avec barbes unilatérales.

corne, de coquillages appointis des deux bouts. Les uns étaient percés au milieu d'un petit trou, les autres portaient une rainure circulaire. On a reconnu depuis que c'étaient des aiguilles à pêcher auxquelles on fixait un lien par le chas ou par la rainure, et qu'elles devaient s'employer absolument comme de nos jours les pêcheurs d'anguilles emploient les hameçons en forme d'aiguille à double pointe que l'on fabrique exprès pour eux.

En perfectionnant son industrie, ou peut-être en face de difficultés plus grandes dans la capture de sa proie, l'homme augmenta ses moyens d'action en construisant d'abord des nasses d'osier et ensuite des filets. Diverses stations lacustres de la Suisse, celle de Waugen principalement, sur le lac de Constance, ont livré des filets faits avec art, ainsi que des poids en argile pour les faire enfoncer dans l'eau et des flotteurs pour les maintenir à la surface.

Le désir de poursuivre la proie plus loin, son éloignement des côtes, la vue des débris de bois et d'arbres flottant sur l'eau durent inspirer le désir de s'aventurer au-dessus des profondeurs des rivières et sur les eaux plus redoutables de la mer.

La première embarcation fut un radeau, soit que le premier navigateur osât s'aventurer sur un tronc flottant, soit qu'il ait eu l'idée d'en réunir plusieurs et de se confier

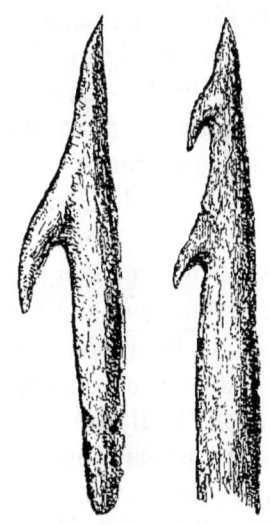

Pointes de harpons.

à eux. Creuser le tronc d'un arbre pour le rendre susceptible de recevoir des passagers fut déjà un grand progrès, si grossière que fût cette téméraire tentative.

La difficulté de l'œuvre en égalait la hardiesse; l'ouvrier n'avait à sa disposition qu'un outillage bien rudimentaire. C'est pourtant avec de misérables pierres taillées de façon à leur donner un tranchant que les hommes primitifs creusaient et façonnaient leurs embarcations. Le feu était mis à contribution pour ébaucher le travail. C'est d'ailleurs la méthode encore usitée dans de nombreux archipels océaniens où le fer est inconnu ou rare.

Les barques primitives plates, longues, à bouts d'abord carrés et plus tard arrondis, étaient d'une largeur et d'une profondeur déterminées par les dimensions de l'arbre qui en fournissait la matière. Ainsi que nous l'apprennent quelques barques déposées au musée de Copenhague, c'étaient, en réalité, des auges flottantes que les premiers marins dirigeaient à l'aide de perches.

Le progrès s'imposa sur ce point de même que sur les autres; la forme des pirogues s'améliora, le travail en fut plus soigné, les dimensions s'agrandirent. Le Danemark et l'Écosse, la Suisse, la Suède, les côtes de la Normandie ont fourni des spécimens plus ou moins nombreux des œuvres de nos antiques constructeurs. Quelques-uns méritent attention, soit par leurs dimensions, qui atteignaient parfois jusqu'à vingt mètres, soit par l'adresse évidente qu'avait dû demander leur fabrication.

Sur ce point, de même que sur tant d'autres, on suit pas à pas la marche de la civilisation. Non seulement la forme de la pirogue s'améliore avec l'époque appelée néolithique, mais en approchant des âges historiques nous rencontrons des embarcations composées de pièces de bois assemblées et dont la construction semble avoir été impossible sans le secours d'instruments de métal. Quelques-unes de celles retrouvées en Écosse, à des niveaux bien supérieurs aux eaux de la mer, se composaient de planches assemblées au moyen de chevilles de bois. Des restes de taquets ménagés dans la masse du bois prouvent que, presque au début, les premiers hommes avaient appliqué la rame à la propulsion de leurs grossières embarcations. Mais il ne semble pas que les hommes préhistoriques aient connu la voile; il n'a été recueilli aucune trace de ce progrès avant une époque relativement moderne.

Cette navigation, si restreinte qu'on la suppose, impliquait nécessairement l'idée d'un commerce quelconque, d'échanges entre les peuplades qui communiquaient ensemble : on n'a pu jusqu'ici trouver d'autre explication à la présence, dans les pays occidentaux, d'objets en jade oriental et d'ornements de toilette composés de coquillages indiens. Il n'est pas sûr que les migrations par terre aient suffi à transporter ces produits exotiques jusqu'aux extrémités de l'Europe; selon toute vraisemblance, la navigation côtière a dû contribuer pour beaucoup à cette propagation.

Non seulement nous savons que les premiers hommes se livraient à la pêche, nous avons pu saisir leurs procédés de capture; nous sommes également en mesure de dire quels poissons ils pêchaient, quels coquillages ils recherchaient de préférence.

Les grottes de la pierre polie nous fournissent les preuves les plus antiques sur ces points. On y constate la présence de nombreux débris du saumon qui abondait, ainsi que la dorade dans les rivières du Périgord. Les rivages danois sont couverts, ainsi que nous le verrons plus tard, des os du hareng, du cabillaud, de la limande et de l'anguille; ce qui, par parenthèse, indique bien que les hommes de cette époque se servaient d'embarcations pour aller pêcher ces poissons de haute mer. La tortue était alors un mets recherché. Les peuplades des côtes se livraient à la récolte des coquillages comestibles, tels que l'huître, la moule, le sourdon et le bigorneau. Dans les lacs se pêchaient le saumon, le brochet, la carpe et l'ablette, dont les débris se retrouvent dans les palafittes qu'on ramène au jour.

CHAPITRE V

LA GUERRE

L'anthropophagie a été universelle. — Elle existe toujours. — Elle est un besoin pour l'homme sauvage. — Festins funéraires. — Sacrifices humains. — Comment nos ancêtres mangeaient leurs semblables.

Un fait malheureusement constaté dès l'origine de l'humanité, c'est la lutte et la guerre, triste apanage dont la civilisation ne nous affranchit pas. Aux temps de barbarie, la guerre était l'état normal, presque nécessaire de l'homme non encore constitué en société. Nulle hésitation devant le meurtre de son semblable, et, soit ivresse du combat, soit orgueil de la victoire, le vaincu devenait une victime qu'on dévorait au même titre que le gibier tué après une poursuite acharnée.

Ce déplorable état de choses est né avec l'homme livré à sa nature sauvage; avec lui il a traversé les âges; il a franchi, sans être détruit, tous les degrés d'une certaine civilisation; il s'est perpétué jusqu'à nos jours, recouvrant sa vitalité naturelle aussitôt qu'on cessait de le combattre. Chose remarquable, le cannibalisme est peut-être la seule coutume de l'humanité qui ne se soit jamais éteinte d'elle-même, par suite de désuétude, ainsi qu'une foule d'usages.

Les cavernes de France, de Belgique, d'Italie, d'Espagne, de Suisse, d'Écosse, de Portugal, du Brésil, de la Floride, du Japon, du Mexique, de l'Amérique du Nord, nous fournissent des monceaux d'ossements humains, fendus, brisés d'une façon caractéristique, sciés ou coupés, brûlés intentionnellement et mélangés à des débris de repas.

Tous ces restes appartiennent incontestablement aux époques préhistoriques. Les preuves abondent, et nous n'avons nul besoin d'invoquer à l'appui de la thèse des arguments douteux ou des faits insuffisamment établis.

Ce côté misérable de notre humanité a malheureusement toujours existé. Hérodote, Aristote, Strabon, Diodore de Sicile, plus tard saint Jérôme nous l'affirment à l'égard des Scythes, des populations du Pont-Euxin, des Galates, des Irlandais, des Écossais et de certaines tribus gauloises. Galien ne nous dit-il pas que, par un épouvantable raffinement qui se pratiquait en pleine splendeur de l'empire romain, Commode et ses courtisans mangeaient de la chair humaine ?

Marco Polo, au XIIIe siècle, a vu cette coutume pratiquée dans les Indes.

Même après leur conversion au christianisme, les Slaves se livraient encore à cet horrible usage.

Non seulement la chasse à l'homme se fait en Afrique pour se procurer ce précieux article commercial qu'on nomme des esclaves, mais chez certaines peuplades, ainsi que nous l'apprend Stanley, elle a pour but principal de se procurer de la chair humaine. Le cannibalisme y est pratiqué de la façon la plus épouvantable. On ne se contente pas de vivants; dans plus d'une tribu l'on dévore même les gens morts de maladie.

En Australie, dit M. Olfield, les indigènes tuent les femmes avant qu'elles soient trop vieilles et trop flétries, « afin de ne pas perdre tant de bonne nourriture. »

Il y a peu d'années encore on pouvait voir aux îles Fidji, ce centre du cannibalisme océanien, des boucheries publiques de chair humaine et des abattoirs destinés uniquement à l'immolation des victimes. Malgré les progrès des missionnaires protestants dans ces contrées, il n'est pas d'année où l'on n'ait à enregistrer le supplice de quelque blanc dévoré par les indigènes.

En voyant si générale une aussi épouvantable coutume, on se demande tout naturellement à quelles sujétions l'homme obéit, à quel empire irrésistible il est soumis.

L'observation nous indique deux causes principales à ce barbare état de choses : le besoin et la superstition.

Le besoin, né de la privation de nourriture et aussi d'un goût dépravé dégénéré en passion. La « folie de la faim » s'explique, s'excuse même dans les pays ravagés par la famine; on se représenterait aisément nos sauvages ancêtres privés d'animaux domestiques, des produits de la culture, ignorant encore l'habitude d'amasser des provisions, et se trouvant aux prises avec la faim quand l'hiver les privait à la fois du gibier et des fruits sauvages de la terre. Malheureusement pour l'honneur de l'humanité naissante, il n'en fut pas souvent ainsi, parce que les premiers hommes suivaient les animaux dans leurs migrations annuelles : les débris d'ossements humains que l'on rencontre sont presque toujours mêlés à des ossements d'animaux qui semblent avoir été mangés en même temps que les victimes humaines. C'était donc surtout à un sentiment de superstition qu'obéissaient les peuples préhistoriques. Nous remarquons, en effet, par la disposition des lieux et des choses, que les cavernes où se rencontrent ces restes accusateurs sont presque toutes devenues des tombeaux après avoir servi d'habitation, et que chaque ensevelissement a dû être accompagné d'un festin.

Suivant l'âge auquel remonte le monument exploré, ce festin se composait de chair d'ours, de mammouth, de renne. Les victimes humaines, lorsqu'il y en avait, paraissent avoir été réservées aux personnages de marque, aux guerriers fameux; en leur honneur on immolait plus ou moins de victimes, des proches ou des esclaves, des femmes et des enfants.

Comme de nos jours chez les peuplades sauvages qui dévorent leurs chefs ou un ennemi fameux dans le but de s'inoculer en quelque sorte leurs vertus, leur vaillance, de même, probablement, nos pères honoraient les illustres d'entre eux par l'immolation de victimes dont le nombre était en rapport avec l'importance du mort. C'est ce que nous verrons clairement en étudiant les tombeaux auxquels nous devons ces révélations.

Était-ce un rite? Était-ce l'effet d'une simple méthode gastronomique? Toujours est-il que les restes humains rencontrés dans les foyers portent tous les traces du feu auquel ils ont été soumis, que tous les os de petites dimensions portent les marques d'instruments avec lesquels on détachait la chair, et que les os longs sont tous fendus de la même façon, longitudinalement, afin d'en extraire la moelle, qui était regardée comme le mets le plus délicat, quelle qu'en fût la provenance. Des os, dont le canal médullaire a été agrandi dans l'intention évidente d'extraire plus complètement la précieuse substance, ne laissent aucun doute à cet égard.

La plupart des débris nous disent que la chair humaine subissait l'action directe du feu avant d'être dévorée; mais on a trouvé, en Géorgie, des preuves que les habitants primitifs de cette contrée la faisaient bouillir quand ils eurent connaissance de la poterie. Qui sait si, par un raffinement de cruauté semblable à celui de certaines tribus de l'Afrique centrale, les victimes humaines n'étaient pas boucanées, suspendues dans des filets qu'on exposait à la fumée?

CHAPITRE VI

CIVILISATION : DOMESTICATION DES ANIMAUX

La domestication se rencontre incontestablement dans les palafittes. — Sur certains points on peut la faire remonter jusqu'à la pierre taillée. — Espèces domestiquées. — Fromageries. — Pâturages d'été ; stabulation d'hiver.

On l'a dit avec raison : « Les animaux pourraient vivre sans l'homme, l'homme ne saurait vivre sans les animaux. » C'est donc un merveilleux sujet d'étonnement que de voir aujourd'hui ses alliées, ses esclaves, des espèces animales dont la force, l'agilité devraient, au contraire, les rendre les adversaires de toute contrainte.

A lui seul, ce trait établit suffisamment la supériorité de l'homme sur les autres créatures et devrait, ce semble, chasser à tout jamais de l'esprit des rêveurs toute idée de la descendance dégradante à laquelle ils veulent condamner l'humanité.

Il est difficile, en effet, de ne pas se demander par suite de quel prodigieux effort l'homme faible, nu, désarmé, a osé non seulement s'attaquer aux colosses près desquels il vivait, mais a pu aussi concevoir l'idée de mettre à son service les plus forts des animaux, le bœuf, le cheval, le plus intelligent, le chien, et distinguer parmi tous les plus impressionnables à l'instinct de sociabilité. Cela suppose une puissance d'esprit, une volonté, une ingéniosité bien supérieures à tout ce qu'on peut espérer d'un être dégradé, quelles que fussent ses aptitudes à sortir de son état d'infériorité. Ce magnifique résultat est donc l'effet de notre intelligence native, d'elle seule.

Non seulement les restes des animaux domestiques se rencontrent sur certains points en compagnie des restes des grands pachydermes, mais nous retrouvons des pièces gravées, dues aux troglodytes de points divers, qui nous montrent soit des chèvres, soit des rennes, portant au cou un objet paraissant être un collier; ils nous ont laissé la représentation d'un cheval ayant les crins coupés, preuve évidente de domestication. La collection célèbre du marquis de Vibraye nous offre un renne ayant un collier au cou et deux pièces différentes où l'on voit un bœuf portant une sorte de couverture sur le dos.

A quelle époque remonte cette preuve évidente de la nature supérieure de l'homme? C'est ce qu'il est absolument impossible de déterminer exactement. Toutefois il est incontestable qu'à l'époque des palafittes, c'est-à-dire à l'âge où, pour se protéger contre les attaques, nos pères établissaient leurs demeures au-dessus de l'eau, la domestication était connue et largement pratiquée. Il est certain qu'à cette époque, probablement ancienne, mais difficile à déterminer, l'homme savait demander aux êtres qu'il jugeait devoir lui être utiles leur chair, leur lait, leur force musculaire, leur chaude toison, et se servir de leur intelligence.

Quoi qu'il en soit, l'animal qui fut le premier réduit à l'état de domesticité, c'est le chien. Ce choix est à lui seul une preuve de plus que l'homme, même à l'état le plus sauvage, est un être pourvu de raison, puisque son premier acte, son premier soin, dans sa misérable condition matérielle, est de s'adjoindre, d'asservir, non l'animal le plus fort, mais l'animal le plus intelligent de la création, celui duquel il tirera l'aide la plus efficace. Il comprenait déjà tout l'admirable service qu'il en devait tirer pour la conquête de sa nourriture.

Si anciens que soient les dépôts fossiles où l'on trouve des traces de l'homme, on y rencontre également celles du chi-n.

On ignore la durée de la période pendant laquelle le chien paraît avoir été le seul compagnon de nos ancêtres ; mais en compulsant les recherches, en les résumant, on arrive à cette curieuse constatation qui est encore un argument contre l'antiquité de l'homme : c'est que nous aurions eu à notre disposition plusieurs des espèces aujourd'hui domestiques au moment même où nous chassions encore le mammouth.

Toutefois cette réunion n'était pas générale, car si nous constatons l'abondance extraordinaire du cheval en France à l'une des premières périodes préhistoriques, en revanche cet animal se montre extrêmement rare autour des habitations lacustres, où l'on semble ne l'avoir connu que comme bête de trait, et en Grande-Bretagne, à une époque où le fer était déjà répandu.

Ce n'est pas ici le lieu de rechercher d'où nous vient le cheval. Nous ferons seulement remarquer que la station de Solutré, dans le département de Saône-et-Loire, si remarquable par le caractère de son industrie qu'on a donné son nom à toute une période des temps préhistoriques, la station de Solutré se compose en majeure partie de débris de chevaux amassés en si grande quantité qu'on leur donne dans le pays le nom caractéristique de *murailles de chevaux*.

Là semble avoir été pour nos contrées le centre d'élevage, ou tout au moins le cantonnement de ce précieux solipède. Il est difficile de dire s'il y vivait à l'état sauvage ou à l'état de domesticité. Cependant l'opinion penche pour cette dernière conclusion : l'abondance des débris complets de l'animal au même point, et non leur dispersion, comme lorsqu'il s'agit d'animaux sauvages dont les membres seuls étaient apportés à l'habitation du chasseur, indique une habitude régulière et une grande facilité à se procurer l'animal. L'âge même, qui nous est décelé par les os étudiés, montre bien qu'il s'agissait d'une sorte d'exploitation. En effet, les mâchoires trouvées à Solutré ont généralement appartenu à des sujets de quatre, cinq et six ans, alors que la chair de l'animal offrait son maximum de succulence.

Mais, si le cheval formait le fond de la nourriture de nos premiers pères, si nous le retrouvons plus tard à l'état de bête de somme ou de selle, nous remarquons que l'on fut longtemps avant de le ferrer. Nous trouvons bien ses débris, des mors en fer et des harnais rudimentaires sur certains sujets des époques du bronze et du fer, mais nulle part, aux époques préhistoriques, nous ne voyons la ferrure en usage, du moins dans nos contrées.

Quant à l'âne, on retrouve bien ses restes dans les cavernes, mais rien n'autorise à croire qu'il fût domestiqué par les hommes primitifs.

D'après les monuments que nous avons cités, le renne semblerait avoir joué aux premiers temps de la domestication un rôle d'une importance considérable : il formait la principale ressource de nos ancêtres, qui lui demandaient sa chair, sa peau, son bois, ses os, et utilisaient tout en lui. Il aurait même rempli, dès l'antiquité la plus reculée, le rôle domestique auquel il est soumis par les Lapons.

Le porc, dont on retrouve l'image dans les œuvres des artistes troglodytes, fut surtout un familier des palafittes, moins toutefois que la chèvre, le mouton et surtout que le bœuf.

Ce sont encore les stations lacustres, et principalement celles de la Suisse, qui nous instruisent à l'égard de ces espèces ; mais elles ne nous donnent que des indications fort tardives sur les oiseaux domestiques. La poule semble avoir été seule mise au service de l'homme, et cela à une époque presque récente. Sur ces dernières questions nous avons mieux que des conjectures, mieux encore que les restes des animaux dont nous parlons. Les fouilles ont ramené au jour des ustensiles de laiterie : vases en terre cuite pour écrémer le lait et dont la forme est restée la même dans nos laiteries modernes, poteries pour faire égoutter le lait caillé, agitateurs pour préparer le beurre.

Avec un peu d'imagination et en voyant le procédé de

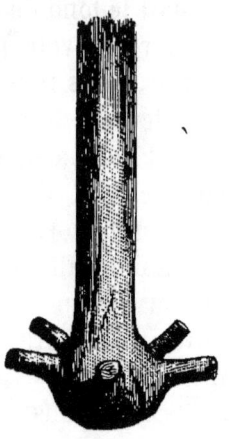

Agitateur à beurre.

certains campagnards des Indes françaises encore aujourd'hui, on pourrait reconstituer un intérieur de ferme préhistorique comme si on l'avait sous les yeux.

Le musée de Saint-Germain nous montre la baratte antique et le rudimentaire agitateur. Ce dernier se composait simplement d'un morceau de sapin epicea coupé au niveau des verticilles qui rayonnent autour de chaque nœud. On avait ainsi un bâton à tête étoilée qui, plongé dans la crème et tourné entre les mains, recevait un mouvement de rotation très suffisant pour faire prendre le beurre. Peut-être, pour opérer sur de plus grandes quantités, faisait-on comme les Indiens que nous citions. En ce cas, le vase contenant la crème était mis au pied d'un arbre : l'agitateur était retenu en haut et en bas par deux colliers

Baratte à beurre dans les Indes françaises.

d'égale longueur; entre les deux une corde s'enroulait autour de la tige. L'opérateur n'avait plus qu'à tirer alternativement sur les deux extrémités de la corde pour imprimer un rapide et énergique mouvement de rotation.

Nous le voyons, les hommes préhistoriques connaissaient le beurre et le fromage, conséquemment l'usage du laitage; ils avaient donc des troupeaux. Nous pouvons même dire, grâce à la sagacité des explorateurs, que les premiers pasteurs connaissaient et pratiquaient, tout comme les pasteurs actuels, le pâturage en été, la stabulation en hiver.

Dans les ruines que l'on rencontre sous l'eau et qui nous ont été conservées par l'état de carbonisation où les a mises l'incendie, cause générale de la destruction des lacustres, on a retrouvé jusqu'au fumier caractéristique des animaux peuplant les étables de cette époque. Ces fumiers contenaient des débris végétaux provenant d'approvisionnements destinés aux animaux; or, l'analyse chimique ayant montré par leur état de combustion qu'ils n'avaient pu brûler qu'étant déjà desséchés, on est autorisé à dire que ces végétaux, dans lesquels on a reconnu des plantes fourragères, étaient bien l'approvisionnement destiné à la nourriture du bétail pendant l'hiver.

CHAPITRE VII

CIVILISATION (SUITE) : AGRICULTURE

Grains, graines, fruits des époques préhistoriques. — Les buttes à maïs de l'Amérique. — Les moulins aux temps primitifs. — Le pain des premiers âges. — Instruments d'agriculture.

En domestiquant les animaux, l'homme entrait déjà dans une période accentuée de progrès ; il devait se transformer complètement en inventant l'agriculture, en demandant à ses efforts, à son intelligence, à son travail, cette nourriture que jusque-là il attendait seulement des libéralités de la nature. C'étaient des idées nouvelles, des mœurs nouvelles, une vie nouvelle : de chasseur il devenait agriculteur, de nomade il devenait sédentaire. Ses instruments de tout genre, ses armes, ses vêtements, sa demeure, subissaient une transformation complète qui établit une séparation considérable avec les périodes précédentes. Il se mettait en lutte avec la nature pour la plier à ses besoins croissants ; il se dépouillait de l'état sauvage et entrait dans la véritable voie de ses destinées terrestres.

Ce n'est pas avant l'époque des cités lacustres, dans la période dite néolithique, qu'on rencontre des traces de culture un peu régulière. Ni les hommes des cavernes ou troglodytes des âges de l'ours ou du renne, ni les mangeurs de coquillages du Danemark ne semblent avoir connu l'agriculture. Nous n'en trouvons de traces ni en Écosse, ni en Angleterre, ni dans les pays septentrionaux. L'Italie, et surtout la Suisse, avant leur âge de bronze, nous ont laissé, au contraire, des preuves fort curieuses de ce progrès des hommes primitifs.

L'incendie qui les a détruites nous a en même temps conservé assez de débris des palafittes pour connaître les peuples de cette époque, grâce à la carbonisation qui a maintenu la forme de tout ce que le feu n'a pas détruit. En retirant des eaux, où ils avaient été précipités, les restes de cette civilisation primitive, on a remarqué des blocs composés de petits corps grenus agglutinés les uns aux autres. Un examen plus attentif a fait reconnaître en eux des grains et des graines d'espèces diverses. Les récoltes de ce genre ont fourni ainsi la liste des végétaux qui furent appliqués à leur nourriture par les habitants des lacustres, et l'on a pu se convaincre par là qu'ils cultivaient comme céréales trois espèces de blé différentes, deux espèces d'orge et deux espèces de millet; qu'ils avaient comme légumineuses les pois, les lentilles et la petite fève des marais.

Des pommes, des poires, des cerises, des prunes, des noisettes, des faînes, des châtaignes, des glands, ont été également retrouvés en quantités notables, renfermés dans des vases de terre grossiers indiquant des provisions d'hiver. On a même pu se convaincre, en retrouvant les petites graines de ces fruits, que les vieux Européens mangeaient la fraise, la framboise, la mûre et la prunelle; cependant tout porte à croire qu'ils se contentaient des fruits sauvages et qu'ils ne connaissaient pas la culture des arbres fruitiers.

Ajoutons que, sur certains points, on a trouvé des amas de ces grains calcinés en quantités assez considérables pour les regarder comme étant les restes de silos détruits par le feu. Parfois, sans doute, pour mieux assurer sa conservation, le grain avait été à moitié rôti, puis concassé, enfin renfermé dans de grands vases en poterie.

Cette antiquité de l'agriculture, nous la retrouvons en Amérique aussi bien qu'en Europe. Tous les explorateurs, tous les archéologues sont d'accord pour attribuer une très haute antiquité à ces monticules nombreux, sans ordre régulier, qui couvrent littéralement les plaines de l'Amérique du Nord, et qui sont connus sous le nom de « buttes à maïs ». Dans le Wisconsin principalement, ces petites éminences de terre ont été l'objet d'études spéciales.

Elles ne se rencontrent que dans les terrains les plus riches, et semblent avoir été élevées par le seul fait de la culture. On plantait chaque année le maïs au même endroit, et les additions constantes au sol ont fini par former ces petits monticules.

On a trouvé dans les mêmes lieux des traces d'une culture plus ancienne et plus systématique.

Sur des surfaces variant de huit à trente hectares, on rencontre également des billons bas, parallèles, larges de 1 mètre 20 centimètres, séparés par un sentier profond de 15 centimètres. Le grain a dû être semé en lignes sur ces antiques billons, aujourd'hui recouverts de forêts, et que l'on désigne sous le nom « d'anciens jardins ». Mais, qu'il s'agisse des « buttes à maïs » ou des « anciens jardins », le maïs est la seule plante dont on ait pu reconnaître la culture en Amérique aux époques préhistoriques.

Il va de soi que, récoltant des grains, on en connaissait l'emploi et la préparation.

Ce fait nous est révélé, dès l'époque dite de la Madeleine, par la découverte de mortiers en pierre, dans lesquels on avait pratiqué par des chocs et des frottements répétés une légère concavité destinée à maintenir au centre de la pierre les grains qu'on travaillait avec le broyeur. Un peu plus tard, les grottes de l'Ariège nous montrent des meules à moudre en diverses variétés de granit, les unes rondes, les autres allongées. De plusieurs côtés, à l'étranger comme en France, l'emploi du grain pour la nourriture nous est manifesté.

On cite des meules composées d'un bloc légèrement excavé sur lequel on écrasait le grain avec un rouleau de pierre; l'Amérique centrale nous offre le même instrument encore entre les mains des Indiens. D'autres meules se composaient d'une sorte d'auge grossière dans laquelle on broyait le grain avec un boulet de pierre déprimé sur les côtés afin de le rendre plus maniable. Un point digne de remarque, c'est que plusieurs de ces meules sont déjà piquées à la façon de nos meules actuelles pour faciliter le travail.

L'industrie avait même été poussée à ce point que plusieurs de ces meules, contenant encore des glands et des châtaignes, semblaient plus particulièrement destinées au broyage des fruits farineux; le grain des pierres qui les composent est moins dur, et les dimensions de l'instrument sont plus considérables que celles des meules à céréales.

Des instruments aussi rudimentaires ne pouvaient donner qu'une bien grossière farine : les grains y étaient concassés bien plus que moulus. Des recherches auxquelles on s'est livré il semble résulter que le grain traité par ces meules primitives était ensuite grillé, puis introduit dans un vase, dans lequel il subissait une humectation plus ou moins prolongée; quand il était suffisamment amolli, on le mangeait.

Ce mode de préparation se retrouve exactement de nos jours dans les îles Canaries.

Mais le froment était encore préparé d'une autre façon. Les lacustres nous livrent des pains, de véritables pains dont le mode de fabrication se révèle immédiatement, quand on les brise. Ce sont de petites galettes arrondies, d'un diamètre de 15 centimètres, épaisses de 2 à 3 centimètres, composées d'une pâte sans levain, dans laquelle on a pu constater la présence fréquente des glumes et même de grains bien conservés. Quand la masse était amenée au degré de densité convenable, on la mettait cuire sur des pierres brûlantes.

On s'est également préoccupé de reconnaître quel avait bien pu être le matériel agricole avec lequel on pratiquait les premières cultures. On en est à peu près réduit à des conjectures : le peu de monuments de ce genre recueillis jusqu'à ce jour laisse à penser que les premiers agriculteurs se contentaient, comme dans de nombreuses peuplades arriérées de nos jours, de gratter la terre avec un bâton pointu. La charrue, s'il en existait, devait singulièrement se rapprocher des rustiques instruments de ce nom employés dans l'Afrique centrale et dans la Malaisie : une branche d'arbre formant crochet ou bien armée d'un andouiller suffisait à ouvrir le sein de la terre féconde.

Toutefois on a signalé la trouvaille, en Angleterre, de silex de larges dimensions qui pourraient bien avoir servi de houes. D'autres silex plus grands encore, trouvés au sud de l'Illinois et sur les bords du Mississipi, sont considérés comme ayant dû servir de bêches aux anciens cultivateurs des « buttes à maïs ». Ces instruments avaient la forme de disques ovales ou elliptiques, aplatis d'un côté, légèrement convexes de l'autre, tranchants et régulièrement échancrés sur les bords, mesurant quelquefois plus de 30 centimètres de longueur sur 15 centimètres de largeur et 2 centimètres d'épaisseur au milieu. Sur divers autres points de l'Amérique du Nord, de pareilles rencontres ont également été faites.

Tout ce que nous possédons à cet égard sur l'agriculture européenne se borne à deux manches de faucilles provenant de lacustres du bronze de la Savoie et déposés au musée de Saint-Germain. A l'un des deux se trouve encore fixée une partie de la lame; mais ces deux manches en bois offrent une particularité très remarquable, et qui prouve à quel point, même dans les objets vulgaires, nos pères poussaient déjà l'esprit d'observation. Ils sont taillés et en quelque sorte moulés selon le gabarit intérieur de la main tenant l'instrument, c'est-à-dire qu'à chacun des creux naturels de la main correspond une saillie, et à toutes les saillies correspondent des parties évidées avec des recouvrements extérieurs, comme une sorte de gantelet emprisonnant la main du moissonneur.

Dans certaines provinces de la basse Italie et sur plusieurs points de la Sardaigne, on rencontre encore, dit-on, entre les mains des paysans, des manches qui se rapprochent singulièrement de ces curieux spécimens de l'industrie primitive.

Enfin nous avons la certitude qu'on emmagasinait les grains, puisque les lacustres nous ont aussi donné des roues provenant des chars qui servaient au transport des produits récoltés.

CHAPITRE VIII

LA BOISSON ET LES CONDIMENTS

Les lacustres ne buvaient point l'eau des lacs. — Les premières
boissons fermentées. — Le sel. — Ses procédés de fabrication.

Nous n'étonnerons personne en disant que les habitants des stations lacustres, ces curieuses demeures sur pilotis que nous étudierons tout à l'heure, ne buvaient point l'eau du lac au-dessus duquel ils étaient installés. On conçoit sans peine que cette eau, réceptacle continuel des détritus et des immondices de toutes sortes, devait être absolument empoisonnée. Il est de remarque constante que les premiers constructeurs d'une palafitte établissaient leur demeure à proximité d'une source ou d'un cours d'eau se jetant dans le lac.

Si l'on veut tenir compte du goût en tout temps prononcé des peuples pour les liqueurs fermentées, on est autorisé à dire que les hommes primitifs ont connu promptement ce genre de boissons. Les prunelles, les framboises, les mûres, les fraises, les baies de cormier rouge, dont on a retrouvé les restes dans diverses stations lacustres, étaient probablement employées à la fabrication de liqueurs plus ou moins excitantes.

S'il faut s'en rapporter à des découvertes imparfaitement contrôlées, des raisins auraient été découverts dans les *Terramares* du Parmesan, monuments contemporains des palafittes suisses. Peut-être aurait-on connu le vin dès cette époque.

Ce qui n'est pas douteux, du moins, c'est que les hommes des temps primitifs connaissaient le sel et en usaient pour l'assaisonnement de leur solide nourriture.

L'usage de cet indispensable condiment a dû naître du seul instinct. L'homme ne put rester longtemps sans découvrir les dépôts naturels laissés par les mers antérieures et certainement recherchés par les animaux. Peut-être fut-il, pendant un certain temps, réduit à se le procurer par voie d'échange, comme il faisait pour certaines pierres et pour certaines coquilles destinées à devenir des armes ou des ornements. Dans tous les cas, il ne put tarder à se procurer cette précieuse substance par des moyens artificiels, et à remarquer l'effet produit sur l'eau de la mer par l'évaporation.

Soit que cette évaporation naturelle fût insuffisante, soit qu'ils la trouvassent trop lente, nous avons la preuve que les Danois des temps primitifs fabriquaient le sel avec les zostères qui abondent sur les côtes de la Baltique. Ils brûlaient cette algue et arrosaient d'eau de mer les cendres qui en provenaient. Ils obtenaient ainsi une sorte d'efflorescence saline que Pline appela plus tard le « sel noir ».

CHAPITRE IX

LES RESTES DE REPAS

Les kjokkenmoddings danois. — Ce qu'ils étaient; leur importance, leur âge. — Espèces animales constatées dans ces débris. — Les kjokkenmoddings en Europe et dans les deux Amériques. — Les sambaquis du Brésil.

Partout où il a séjourné, l'homme a laissé des marques de son passage; partout ce sont des débris provenant de son habitation, de son industrie et surtout de sa nourriture. Ces ruines varient d'aspect, suivant le genre d'alimentation adopté par les habitants primitifs; les débris de végétaux, d'animaux ou de poissons diffèrent selon les mœurs et les ressources du lieu.

C'est ainsi que l'attention fut attirée sur des monticules surbaissés formés par des amoncellements considérables de coquilles sur plusieurs points de la côte danoise. Ces amas n'étaient jusqu'alors considérés que comme de précieux dépôts d'engrais pour l'agriculture. Leur importance, la régularité de leur forme, l'absence presque complète de sables et de cailloux firent penser qu'ils ne devaient pas être l'œuvre du va-et-vient des eaux marines. On fouilla, et l'on acquit bientôt la certitude qu'ils étaient dus à l'homme, et composés à peu près exclusivement de coquillages ayant servi à la nourriture des premiers habitants. Leur amoncellement indiquait un séjour prolongé, pendant lequel les débris des molusques étaient abandonnés sur le lieu même où ils avaient été consommés.

Ces dépôts prenaient avec le temps un tel développement qu'ils atteignaient une épaisseur de 1 à 3 mètres et s'étendaient parfois sur une longueur de plus de 300 mètres avec une largeur proportionnée. De là le nom de *kjokkenmodding*, qui dérive des mots danois *kjokken*, cuisine, et *modding*, amas de rebuts.

Ce nom, un peu barbare pour des oreilles françaises, a été donné par les savants danois à ces restes de la primitive civilisation scandinave, et l'on s'est accordé jusqu'ici pour le respecter ; chacun s'est borné à le traduire aussi exactement que possible dans sa propre langue. La seule traduction française possible étant « les débris de repas », et cette traduction n'entrant pas dans le génie de notre langue, on est convenu de maintenir l'appellation originaire ; le mot « kjokkenmodding » est donc devenu un des termes du langage de la science.

On crut d'abord que les kjokkenmoddings étaient de simples points de réunion où les habitants de l'époque se rassemblaient, soit pour récolter les coquillages qui abondaient sur la côte et s'en régaler comme d'une manne périodique, soit pour y passer les mois les plus chauds de l'année. La variété des débris rassemblés, l'abondance, et, bien plus, la nature de ces débris donnaient un démenti formel à cette opinion. Un examen attentif fit reconnaître des dépressions circulaires, vides au centre, indiquant l'emplacement d'une habitation, montrant que c'était bien là le lieu où les premiers habitants avaient fixé leur demeure, et que, s'ils ne l'occupaient pas toute l'année, ils quittaient fort peu de temps leur résidence.

Les os recueillis permettent de déterminer exactement le moment de l'année où l'animal qui les a fournis a été tué.

Le cygne sauvage, qui arrive sur ces côtes en novembre et les quitte en mars, a laissé des débris très nombreux dans les kjokkenmoddings; on peut donc en conclure que les habitants restaient sur la côte pendant les mois d'hiver.

Les savants se sont trouvés moins d'accord pour apprécier l'âge que pouvaient avoir ces vieilles ruines. Les uns, s'appuyant sur l'absence de tout objet en métal, veulent les rattacher à la période paléolithique, et même au début de cette période. D'autres leur attribuent sept mille ans d'existence au delà des temps actuels. Enfin, un troisième groupe de chronologistes, se basant sur la rencontre de quelques outils en pierre polie et sur la présence d'objets paraissant exiger l'emploi du métal pour leur fabrication, affirme que les kjokkenmoddings sont voisins de l'époque du bronze et contemporains des lacustres. Il est difficile de se prononcer, vu l'impossibilité d'apprécier la durée de chaque période des âges préhistoriques. Quoi qu'il en soit, ces curieux amas de coquillages sont les témoignages les plus anciens de la présence de l'homme en Danemark.

La nature des débris dont se composent ces amoncellements, si précieuse tout à l'heure pour nous fixer sur leur véritable origine, est actuellement une difficulté de plus pour en fixer l'âge. On y trouve, en effet, de nombreux mollusques, dont certains vivent encore dans la Manche, mais l'huître, la coque, la moule, la littorine forment la majeure partie de ces curieux amas; à peine quelques crabes y représentent-ils les crustacés.

A ces habitants des eaux il convient d'ajouter le hareng, la limande, le cabillaud, l'anguille et la tortue, dont les premiers habitants du Danemark faisaient une ample consommation. Le reste des débris se compose d'une grande variété d'os provenant d'oiseaux tels que le coq de bruyère, le canard, l'oie, le cygne sauvage et le grand pingouin.

Les mammifères sont représentés par le cerf, le chevreuil, le sanglier, auxquels se joignent en petites quantités l'urus, le chien, à titre d'aliment, croit-on, et non d'animal domestique, le renard, le loup, la martre, la loutre, le marsouin, le phoque, le rat, le castor, le lynx, le chat sauvage, le hérisson, l'ours, la souris.

Le Danemark n'a pas le privilège exclusif de posséder ces curieuses traces antiques : des kjokkenmoddings ont été trouvés en Souabe, en France, notamment à Saint-Valery-sur-Somme, à Étaples et aux environs d'Hyères, aux îles Orcades, en Écosse, en Angleterre. Il en a été signalé en Afrique, sur les côtes de Guinée, ainsi qu'en Australie.

Mais l'Amérique est particulièrement riche en ruines de cette espèce. Elle en possède deux genres : les kjokkenmoddings situés au bord de la mer, et ceux qui se trouvent le long des cours d'eau ; ces derniers ne contiennent que des mollusques d'eau douce. Il serait trop long de les énumérer, mais on peut dire qu'ils ceignent les deux Amériques d'une ceinture presque ininterrompue, et ils se rencontrent jusque dans les parties réputées encore récemment les plus inaccessibles.

Tous, sans exception, offrent ce remarquable point de ressemblance avec les kjokkenmoddings d'Europe, de contenir les débris d'espèces actuellement vivantes et aucun d'espèces éteintes.

Au Brésil, où ces amas de débris prennent le nom de *sambaquis,* nous trouvons les traces de tout un peuple ayant précédé la population actuelle et s'étant étendu tout le long de la côte. Là chaque couche de coquilles est comme la page d'un livre et nous démontre en outre que ces peuples étaient anthropophages. Ces amas atteignent une hauteur souvent considérable ; on en cite qui n'auraient pas moins de 30 mètres de haut, si la description en est exacte.

Ce qui est certain, c'est que la butte de coquilles voisine de la petite ville de Nossa-Senhora-da-Gloria fournit, depuis près de deux siècles, toute la chaux nécessaire aux constructions du pays et à un important commerce d'exportation. Par ce fait, on peut juger de leur importance.

Un point remarquable encore, c'est que ces amoncellements de débris, qui ne contiennent aucun instrument de métal, se composent absolument de restes d'animaux existant encore au moment de la découverte par les Portugais. Il nous est, d'autre part, absolument prouvé que les périodes tertiaire et quaternaire se sont accomplies en Amérique à une époque plus récente qu'en Europe. On est donc autorisé à dire que l'âge de pierre, en Amérique, échappe à la haute antiquité dont il est trop généreusement gratifié par beaucoup de savants.

CHAPITRE X

LES USTENSILES : LA POTERIE

Vases à cuire. — Les premières poteries. — Elles portent la marque de leur procédé de fabrication. — Formes et dimensions variées selon la destination. — L'art trouve en elles ses premières manifestations. — La poterie à l'âge du bronze.

Nos primitifs ancêtres paraissent avoir ignoré pendant longtemps la possibilité de manger leur viande autrement que crue ou grillée sur les charbons.

La science du « pot au feu », si l'on nous permet l'expression, ne fut pas la première acquise. L'art de faire chauffer de l'eau, par conséquent de faire cuire la viande dans des récipients, semble une conquête des âges où l'industrie de la pierre était déjà perfectionnée. Toutefois plusieurs explorateurs déclarent avoir trouvé, dans les cavernes habitées pendant la période de l'ours, des tessons, des fragments de poterie extrêmement grossière; d'autre part, on conserve dans les musées et dans les collections des géodes, c'est-à-dire des pierres creusées naturellement, de grande dimension, recueillies dans les stations les plus antiques, portant des traces indiscutables de feu et pouvant avoir servi à la cuisson des aliments. Ces témoignages remontent bien aux premiers âges de la pierre, mais ils sont si rares qu'on peut, provisoirement du moins, maintenir les doutes énoncés sur le point en question.

On est donc autorisé à croire que nos primitifs ancêtres n'employaient pour chauffer l'eau que les procédés pratiqués aujourd'hui par plusieurs peuplades sauvages. Ils faisaient un trou dans la terre, en revêtissaient l'intérieur avec la peau fraîche de l'animal, versaient l'eau dans le bassin et y faisaient bouillir la viande au moyen de pierres fortement chauffées. C'est la méthode des Assiniboins.

Les Indiens-Serpents, ceux de la tribu des Esclaves, se servent d'un panier de racines si artistement tressées qu'elles retiennent l'eau.

Les Ostyacks de Sibérie se servent de vases en écorce nattée, ou même tout simplement de l'estomac de l'animal. D'autres tribus de l'Asie du Nord, de l'Australie, de la Nouvelle-Zélande, n'ont point d'autre méthode que l'emploi des pierres rougies jetées dans le liquide à échauffer.

En revanche, partout où l'on se trouve en face des époques dites de la pierre polie, de Solutré et de la Madeleine, remarquables par la perfection avec laquelle se taillaient la pierre, puis l'os et la corne, on trouve l'industrie du potier.

Il est inutile d'insister pour faire comprendre combien fut rudimentaire la première poterie. Ce qui nous en reste nous montre clairement quels furent les procédés primitifs de cette grossière industrie.

Quelque observateur ayant remarqué la plasticité de l'argile et sa dureté quand les rayons du soleil avaient dardé suffisamment, eut, de toute évidence, la pensée de pétrir une boule creuse pour y contenir de l'eau. De la dessiccation au soleil à la dessiccation au feu, il n'y avait qu'un pas; l'objet, trop rapproché, reçut ce que les potiers appellent un « coup de feu »; le primitif expérimentateur remarqua son changement d'aspect et sa plus grande dureté; la cuisson était découverte en principe.

Cet art nouveau devait bientôt exercer l'attention de nos

premiers ancêtres d'une façon extrêmement importante. Il ne restait plus qu'à appliquer en grand ce que le hasard avait révélé.

Il est manifeste que, durant de longs siècles, toute la poterie fut confectionnée à la main, que l'usage du tour était inconnu et que le procédé dit de moulage direct fut le seul employé.

Pour les vases de petites dimensions, les premiers potiers couvrirent d'une couche d'argile quelque fruit analogue aux courges; pour les récipients plus grands, une simple corbeille tressée recevait tantôt à l'extérieur, tantôt à l'intérieur, un revêtement d'argile. Le feu se chargeait de faire disparaître la carcasse improvisée; pas assez toutefois pour qu'il ne restât du moule primitif quelque trace qui nous est parvenue.

Les matériaux de la poterie préhistorique sont grossiers. La terre en est noire ou grise, et mélangée de petits graviers siliceux qui lui donnaient de la résistance au feu. Les premières dont nous ayons connaissance portent encore la marque très accentuée des doigts qui ont pétri l'argile. Le grossier bourrelet qui augmente la solidité du rebord est d'une inégalité caractéristique.

En se rapprochant de nous, ces signes d'inhabileté vont en s'éteignant; les aspérités sont rectifiées à coups incertains de racloir. Ensuite l'on entreprend de décorer ces produits encore si imparfaits. Les tresses du panier sont imitées avec la pointe d'un silex ou avec l'ongle; des stries parallèles, ou diagonales, ou croisées, couvrent la partie supérieure du vase, celle que le feu n'atteint pas; de petits paquets de pâte terreuse sont plaqués régulièrement avec la prétention d'être un ornement. Enfin quelque artiste plus habile apparaît et lisse avec une côte la terre à moitié sèche du vase en confection.

A partir de ce moment le goût se développe, les formes accusent quelque élégance, les parois s'amincissent, l'argile s'épure et prend une meilleure teinte, les dimensions et les ornements varient selon que le vase doit servir à la cuisson des aliments, à la conservation des provisions d'hiver ou à recueillir les cendres des morts. En un mot, l'art se manifeste. Dès que l'homme est amené à produire une œuvre, il y imprime comme malgré lui une marque personnelle.

Telle était la poterie à l'époque de la pierre.

Celle qui nous est restée de l'âge du bronze nous montre des progrès considérables. A l'argile pure se trouve mélangé un sable de choix qui lui donne une teinte plus riche et un grain plus fin ; les parois sont amincies, et, bien que le tour ne fût pas encore en usage, la perfection du travail est déjà grande. A cette époque les formes prennent une élégance inconnue jusqu'alors, et le vernissage commence à apparaître sous forme de bandes enduites de graphite et lissées au polissoir.

Le caractère le plus marqué de la poterie de cette époque est la forme du fond. Les poteries les plus primitives ont une base tout à fait plate; celles qui leur succèdent sont à base sphérique, très ventrues, et offrent une surface de chauffe considérable. Les poteries de l'époque dite du bronze en diffèrent complètement; elles sont à base pointue ou en cône renversé, de sorte qu'elles ne pouvaient tenir debout; il fallait les enfoncer soit dans la terre, soit dans une épaisse couche de cendres, ou les poser sur une sorte de bourrelet en terre cuite que les fouilles nous transmettent également. Quant à l'ornementation des poteries déjà gracieuses de l'âge du bronze, elle est réduite à des lignes droites ou brisées, à des pointillés, à quelques lignes courbes ou ondulées. Nulle part encore nous ne trouvons ces formes imitatives d'un art plus avancé, indices d'un goût délicat, ces ornements empruntés aux plantes, aux fleurs ou à la figure humaine.

CHAPITRE XI

LES USTENSILES (SUITE)

Vases à boire. — Ustensiles variés. — Poteries artistiques de Santorin, de Troie, des tumuli américains. — Les vases en métal.

Avant même qu'il n'eût l'idée de faire cuire ses aliments, l'homme dut se munir des moyens voulus pour puiser l'eau de sa boisson et la porter à ses lèvres. Le creux de la main, une feuille pliée ne purent longtemps satisfaire même les plus grossiers : une courge sèche évidée, une corne de bœuf ou de bélier devint incontestablement le premier vase à boire durable. La corne de bœuf surtout fut longtemps en faveur; les auteurs nous représentent souvent les vieux festins gaulois où chaque convive avait sa corne à boire piquée en terre à ses côtés. Le moyen âge en a conservé l'usage ou la mémoire, principalement en Allemagne, en adoptant pour les dîners d'apparat des cornes richement montées ou des cristaux luxueux façonnés en cette forme et qui devenaient la coupe d'honneur de ces homériques repas.

Néanmoins nos premiers ancêtres, mal pourvus des objets les plus indispensables, se servaient de tout ce qui, par sa forme, pouvait s'adapter à l'usage auquel on le destinait. C'est ainsi que nous voyons des stalagmites bizarrement concrétées converties en vases à boire, des bois de cerf évidés ou des vertèbres former des récipients; des sabots de cheval semblent avoir reçu cette destination. Des végétations tourmentées furent également transformées en ustensiles de ce genre jusqu'au moment où la poterie devint d'un usage général. Nous reconnaissons alors

Vase taillé dans une vertèbre de baleine.

que l'on se livra à une fabrication spéciale bien rudimentaire au début.

La grotte du Trou-d'Argent (Basses-Alpes) nous a fourni à cet égard une des plus curieuses preuves de la simplicité de l'industrie à son point de départ. Ce sont des poteries d'un travail très primitif, façonnées pour servir de vases à boire. L'auteur de ces grossiers ouvrages semble avoir voulu imiter une corne un peu écourtée, très ouverte, dont la pointe s'allonge pour permettre de poser le vase à plat; de façon que, vu de profil, ce verre primitif ressemble à une chaussure déformée dont le pied se terminerait en une pointe un peu tortillée.

Quand cette branche de l'industrie se perfectionna, le soin apporté à la confection des vases à boire s'accrut également. Presque tous ont la forme d'un gobelet renflé à la base et un peu étranglé au milieu ; tous sont couverts de dessins soignés qui se composent, ainsi que dans les autres poteries primitives, de lignes croisées ou coupées à angles, de pointillés et de cercles.

Ce luxe d'ornementation a fait dire, non sans raison, à plusieurs archéologues que cette recherche implique l'usage de boissons fermentées. Il leur semble impossible que les premiers hommes aient apporté tant de soins à la confection de vases destinés uniquement à contenir une boisson aussi vulgaire que l'eau des sources et des rivières. Ils devaient vouloir faire honneur à quelque boisson hautement estimée, peut-être même au vin, dont la connaissance, ainsi que nous l'avons dit, était déjà probable.

La variété des matières avec lesquelles on fabriquait des coupes à l'époque artistique de la Madelaine, pourrait servir d'argument en faveur de cette thèse des boissons enivrantes. L'une des plus curieuses parmi ces ruines est une corne de bœuf sciée par le silex et dont le fond était en bois : trois petits trous, destinés au passage des chevilles qui fixaient ce fond, nous indiquent clairement ce qu'était cette relique trouvée à Mooseedorf, en Suisse.

Même aux âges les plus reculés, l'on entrevoit déjà une certaine recherche de confortable qui est un des traits distinctifs du caractère humain, et ce goût se manifeste par l'existence de plusieurs ustensiles de table qui remontent à une époque plus reculée que l'âge du bronze.

En fouillant les grottes du Périgord, MM. Ed. Lartet et Christy ont trouvé une sorte de spatule ou cuiller en bois de renne, à manche conique, sculptée avec soin, élargie et creusée à un bout, qui paraît avoir été destinée à recueillir et à manger la moelle des os fendus au long.

De là à la cuiller que nous employons il n'y avait qu'un pas ; il fut bientôt franchi. En effet, sans parler des valves de mollusques, dont les premiers hommes devaient se servir pour porter à la bouche les aliments liquides, nous voyons des imitations de ces coquilles façonnées en terre cuite et munies d'une petite queue les rendant d'un maniement plus commode. Les grottes de la vallée de Tarascon, les vases de la Seine, des dolmens irlandais et anglais nous ont livré différentes pièces en os, qui ont été travaillées pour servir de cuillers.

L'objet lui-même, dans sa forme actuelle, a été découvert, il y a peu d'années, dans une station de la pierre polie, dite le camp de Chassey, près de Châlons-sur-Saône. Dans les cendres d'un foyer, remontant bien à l'époque dite, ont été trouvées jusqu'à quatorze cuillers en terre cuite, d'une forme absolument analogue à celle de nos cuillers modernes. A côté se trouvait une énorme cuiller à pot, ronde, profonde de 34 cent., d'un diamètre de 75 cent., munie d'une queue et indiquant un long usage.

Plus tard, quand l'os put être facilement travaillé, grâce à l'introduction du bronze, nous retrouvons des objets mieux conservés et de formes plus fines; parfois même nous pourrons voir des cuillers formées d'une coupelle d'os à laquelle on fixait un manche distinct.

Les stations lacustres ont même fourni un de ces ustensiles en bois d'if très bien travaillé. La trouvaille a d'autant plus de valeur que les rares objets en bois recueillis dans ces recherches tombent presque tous très rapidement en décomposition dès qu'ils sont mis au contact de l'air. Ceux qui ne périssent pas ainsi se déforment au point d'être méconnaissables. Le peu que l'on a pu recueillir doit en partie sa conservation à la tourbe plus ou moins compacte dans laquelle on les rencontre; mais il n'existe point de tourbe partout où fut une station préhistorique, et là où elle est absente les reliques en bois font défaut. Il y a néanmoins lieu de croire que les objets en bois étaient abondants et que leur destruction est seule cause de leur rareté dans les collections.

Il était donné à l'une des œuvres les plus colossales de notre siècle de fournir indirectement les données les plus certaines sur l'état de la céramique aux âges préhistoriques, de nous révéler tout un art inconnu et d'appuyer d'une preuve indiscutable ce que nous avons dit précédemment sur la chronologie appliquée aux époques préhistoriques.

Les immenses constructions nécessitées par le percement de l'isthme de Suez firent rechercher, là où ils étaient le plus abondants, les matériaux nécessaires. L'extraction de la pouzzolane destinée à la fabrication du ciment eut lieu surtout dans le petit archipel de Santorin, composé d'îles volcaniques recouvertes sur toute leur surface d'une couche de ponce épaisse de 30 à 40 mètres, attestant qu'un cataclysme vio'ent a eu lieu sur ce point, à une époque dont ni l'histoire ni la tradition ne nous ont gardé le souvenir.

En pratiquant les fouilles voulues pour l'exploitation, on rencontra des traces de constructions à un niveau bien inférieur à celui des habitations helléniques dont l'île fut autrefois couverte.

Des maisons entières furent ainsi découvertes sur divers points du petit archipel, et l'on constate un mode de construction où la pierre et le bois étaient *employés sans la moindre trace de métal*, et disposés de façon à offrir la plus grande résistance possible aux tremblements de terre fréquents dans ces régions.

Les fouilles ont mis en même temps au jour une foule d'objets qui éclairent bien curieusement les mœurs du peuple inconnu qui occupait ces localités si célèbres aujourd'hui. Parmi ces objets, les vases en terre cuite sont les plus remarquables. Les plus communs parmi eux sont de grands récipients en terre jaunâtre, aux parois épaisses, dont quelques-uns n'ont pas moins de 100 litres de capacité. Ils sont ordinairement munis d'un lourd rebord, et sur l'espèce de cordon qui surmonte le col se voit la marque des doigts du potier. D'autres, en pâte très fine, colorés en rouge ou en jaune, sont couverts d'une ornementation délicate représentant parfois des fleurs ou des fruits. Tous sont d'une forme élégante et artistique, quelle que soit la variété de leur exécution et la différence de leur destination. Il demeure certain que la poterie était d'un grand usage à Santorin, et que les échantillons recueillis sont absolument distincts des poteries phéniciennes, grecques ou étrusques. Elles étaient certainement les produits de l'industrie locale, puisque l'on a retrouvé jusqu'au gisement d'argile qui fournissait aux besoins de cette élégante fabrication.

Une multitude d'objets et d'ustensiles variés ont été retirés des fouilles. Jusqu'à ce jour il n'a été trouvé, en fait de métal, que deux anneaux en or pur martelé, puis une petite scie en cuivre pur. Et pourtant les habitants primitifs de cette région possédaient une civilisation très avancée malgré l'ignorance où ils étaient des métaux. Ils avaient des cultures, des animaux domestiques, des maisons d'une architecture solide, ornées de fresques qui les mettaient bien au-dessus des habitants des palafittes, qui cependant connurent les métaux.

Les fouilles opérées sur l'emplacement de l'antique Troie, et dont il fut tant question ces dernières années, apportent une lueur de plus sur ce qu'étaient les époques où se rencontrent tout à la fois la pierre taillée, la pierre polie, les métaux, et que, faute de pouvoir préciser, l'on fait volontiers remonter loin *dans la nuit des temps*.

Le docteur Schliemann, un admirateur d'Homère, a consacré sa fortune et son temps à rechercher où fut le fameux théâtre des exploits d'Hector et d'Achille. L'Iliade en main, il a entrepris de vérifier tous les faits de l'antique épopée, de reconnaître les lieux et de préciser ce que fut cette guerre dont le seul prestige est dans nos souvenirs classiques, mais qu'il faut réduire à une lutte de petits princes grecs et asiatiques.

Le docteur Schliemann a pu retrouver les traces des cinq villes qui furent successivement Dardanie, Troie, Ilion, et qui, de nos jours, ne sont plus que le petit village d'Hissarlick. Le nombre des objets recueillis dans les divers étages de décombres est immense. Bien qu'il ait laissé tout ce qui semblait peu digne de survivre, le docteur Schliemann a classé plus de vingt mille pièces de tout genre : vases, idoles, instruments de pierre et de cuivre s'y comptent par milliers.

Chose remarquable, la poterie des couches inférieures indique un art plus avancé que celle des couches supérieures, et confirme ainsi la décadence qui frappa la ville de Priam après sa chute. On rencontre dans ces restes les formes les plus variées, les plus bizarres, et en même temps les plus artistiques, toutes fabriquées sans le secours du tour. La terre était polie avec des lissoirs, colorée en rouge, en jaune, en noir, en brun; les ornements, gracieux et originaux, rappellent ceux de Santorin. Quant aux dimensions, elles variaient selon la destination du vase; mais l'on a constaté des alignements uniquement composés d'amphores atteignant jusqu'à 2 mètres de haut et 1 mètre de diamètre. Ces vases énormes devaient avoir servi pour emmaganiser des provisions, peut-être de citernes.

On rencontre également, mêlés à tous les restes, caractérisant ce qu'on a nommé l'âge néolithique, de grandes quantités d'armes en pierre et des objets en métal : des lingots de plomb, des armes variées en cuivre pur, des bijoux d'or et d'argent. A aucun des étages successifs des cinq villes détruites, le fer ne se rencontre nulle part. Si l'on s'en tenait à certaines théories savantes, cette absence du fer devrait rendre impossible ou du moins bien difficile toute preuve de civilisation un peu avancée, et néanmoins les fouilles de M. Schliemann lui ont fait mettre la main sur le fameux trésor de Priam. Ce trésor, dont Homère parle, est actuellement sous nos yeux; il se compose de vases d'or, d'argent, d'électrum (alliage d'or et d'argent), de cuivre. On est confondu de la richesse, du talent industriel qui se révèlent à nous, en songeant que tous ces artistiques objets ont été fabriqués sans le secours du fer, que les orfèvres de cette époque n'avaient à leur disposition que des outils de pierre, de cuivre, et à peine quelques instruments de bronze.

Chose plus étonnante encore, il résulte de l'examen

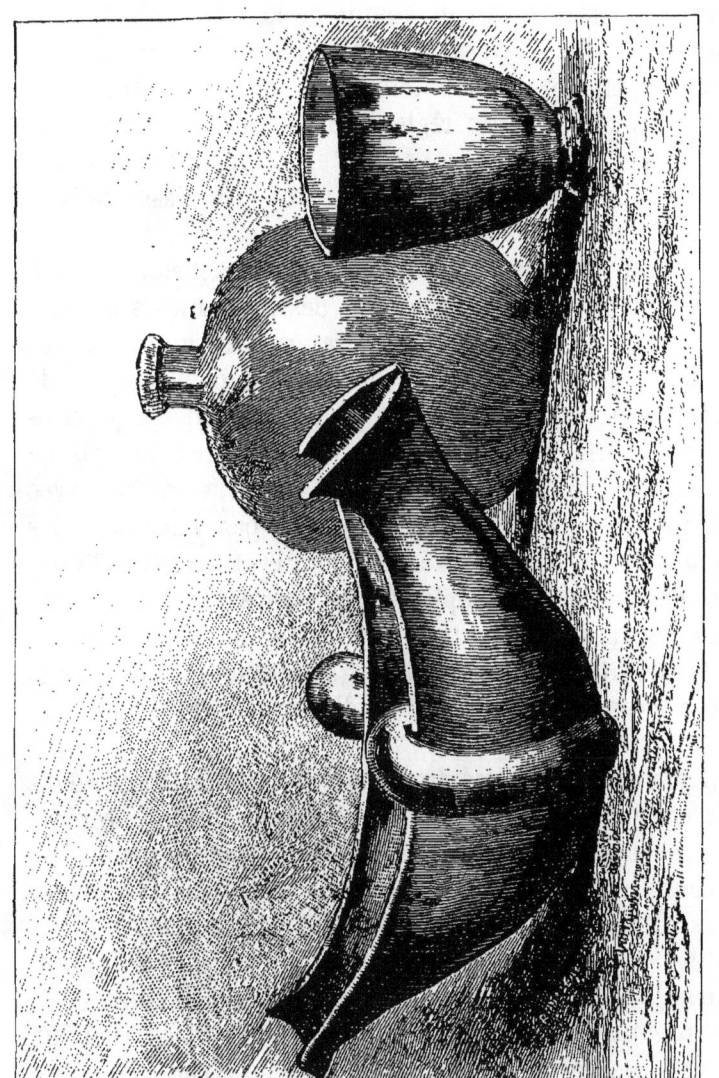

Vases provenant du trésor de Priam.

comparatif des restes fournis par les fouilles de Troie que les Dardaniens avaient une industrie plus avancée que celle des Troyens, leurs successeurs; ceux-ci, à leur tour, étaient supérieurs aux habitants de la troisième et de la quatrième ville élevées sur les cendres de leurs devancières. Ici encore il faut reconnaître une fois de plus l'inanité des divisions, des règles appliquées à la chronologie des temps inconnus, et constater l'impossibilité d'appliquer aux ruines de Troie aucune des classifications admises dans la science préhistorique.

Un autre exemple des difficultés auxquelles se heurte l'archéologue nous est laissé par des monuments se rapportant au chapitre que nous traitons, et que nous recueillons en des lieux bien différents et bien éloignés de Troie, où nous étions tout à l'heure. Il s'agit des poteries de tout genre recueillies dans les nombreux tumuli de l'Amérique du Nord, sur lesquels nous reviendrons avec quelque détail. Nous reconnaissons par l'examen des objets qu'on y a rencontrés combien l'art du potier avait, dans les âges primitifs, plus d'importance que de nos jours. Chez les races primordiales de l'Amérique du Nord, il avait atteint une perfection très grande et fourni des œuvres d'une élégance, d'une finesse d'exécution tout à fait remarquables.

Il y a dans la variété des formes et des ornements, dans la nature même des objets mis au jour, toute une révélation concernant l'état social de ces anciennes peuplades.

Leurs artistes en étaient arrivés à une telle perfection dans l'art de la poterie, qu'ils modelaient en terre tout ce qu'ils avaient sous les yeux. Les tumuli américains ont fourni surtout des pipes représentant des têtes humaines, des oiseaux et des animaux qui ne le cèdent en rien aux œuvres des anciens Grecs pour le fini et le caractère artistique.

Pour terminer, signalons à l'attention du lecteur que toutes les œuvres curieuses et remarquables dont nous venons de parler ont été exécutées à une époque où le tour du potier n'était pas encore en usage. Cet utile instrument ne fut guère employé qu'au début de la période du fer, lorsqu'on voit apparaître les poteries rouges qui caractérisent la céramique de cette époque.

Poteries trouvées dans les mounds indiens de l'Amérique.

En même temps que la fabrication trouvait un grand développement par l'adoption du tour, le mode de cuisson était changé. Au lieu de placer la pièce dans un foyer ardent, le potier la plaça désormais dans un four et put lui appliquer ces belles couleurs qui font encore notre étonnement.

TROISIÈME PARTIE

L'HABITATION

CHAPITRE I

LES TROGLODYTES

L'homme primitif ne perchait pas sur les arbres. — Il fut tout d'abord troglodyte. — Grottes et cavernes ; théorie de leur formation. — Découvertes. — L'âge des cavernes. — Position des demeures souterraines. — Abandon et occupation successifs. — Modes de fermeture. — Les abris sous roche ; leur disposition. — Ils sont encore habités en bien des endroits.

Après avoir déclaré que l'homme était un animal perfectionné et qu'il valait mieux pour lui descendre d'un singe amélioré que d'un Adam dégénéré, la science moderne s'est trouvée entraînée à mettre d'accord, dans la mesure du possible, les théories qu'elle avait inventées. C'est ainsi qu'à ses yeux l'homme, mal formé encore, subissant les phases voulues par la doctrine de l'évolution, se présentait aux regards sous la forme d'un être à face bestiale, le corps et les membres couverts d'une sorte de fourrure dont les poils se hérissaient sous l'empire des sentiments violents ; de grands bras pendaient le long du corps ; des jambes aux mollets grêles, aux pieds plats et pourvus de doigts appréhendants, supportaient un buste gardant mal la position verticale. Pour se reposer, il s'accroupissait, et ses mains posées à terre l'aidaient à marcher. L'être ainsi constitué se retirait à l'enfourchure d'une branche d'arbre pour dormir, et grimpait, avec une agilité sans pareille, cueillir les fruits dont il se nourrissait.

Tel est le tableau que nous font des premiers hommes les adeptes de l'évolution et du transformisme.

Fort heureusement, il n'est rien moins que vrai, même pour l'homme tombé ou resté au point le plus bas de la dégradation.

Tous les anatomistes reconnaissent qu'une telle description ne peut concerner l'homme, et que rien n'autorise à le regarder comme ayant subi dans sa nature aucun changement caractéristique. L'homme a toujours été homme; il n'est pas devenu homme.

Sa conformation s'oppose à ce qu'il puisse être confondu avec les singes même les plus rapprochés de nous. Persister dans cette erreur, c'est vouloir dénaturer la vérité.

L'homme n'ayant nullement les caractères anatomiques indispensables pour justifier les prétentions de la science évolutionniste, il est donc juste d'affirmer que les premiers hommes ne perchaient pas sur les arbres.

Sans doute, privé des ressources de la civilisation, l'homme primitif vivait en copiant les animaux dans beaucoup d'actes de leur vie matérielle. Comme eux, il se contenta d'abord de l'abri naturel des forêts et se retira dans les excavations naturelles du sol.

Nous préciserons davantage en disant que dans les pays au climat chaud les hommes antiques établirent leurs stations à l'air libre, sous de simples abris fournis par les forêts. Sous les climats dont la rigueur était pour lui un des deux grands ennemis que l'humanité combat depuis sa naissance, il dut chercher à se défendre contre le froid.

Les grottes et les cavernes s'offraient naturellement à lui pour le protéger à la fois contre les animaux féroces auxquels il fallut disputer jadis le sol, contre la bise de l'hiver et contre les ardeurs de l'été.

De ces deux genres d'abris, le premier est généralement

l'effet d'un mouvement qui, en bouleversant les assises du sol, les a replacées de façon à laisser dans leurs flancs des vides, des couloirs, des espaces plus ou moins vastes et plus ou moins accessibles du dehors.

Plusieurs géologues attribuent l'origine des cavernes à l'action combinée, successive, des soulèvements, des éruptions et de l'eau. Suivant eux, les soulèvements, tout en créant des grottes, les ont remplies d'éruptions argileuses. Quand, par suite du grand déluge glaciaire, les vallées se creusèrent, l'action des gigantesques torrents d'alors mit à nu les poches les plus superficielles; les eaux vidèrent les cavernes des matières qui les remplissaient et y apportèrent ces cailloux roulés qui se remarquent dans beaucoup d'entre elles.

L'homme fut donc, dès l'origine, un troglodyte, c'est-à-dire un habitant des excavations du sol. Pendant longtemps les cavernes furent sa seule ou sa principale demeure. Toutes celles qu'on a explorées, fouillées, l'attestent par la superposition parfois considérable des débris provenant du séjour des habitants disparus. Ce sont elles qui nous ont, en majeure partie, raconté les débuts de l'humanité faible, privée des ressources matérielles les plus élémentaires, mais, par contre, douée de ce souffle, de cet esprit créateur qui est un éclatant démenti donné à son origine bestiale et la marque indiscutable du signe imprimé sur son front par le divin Créateur.

A quelles époques remontent ces demeures de nos primitifs ancêtres? C'est ce qu'il est bien difficile d'établir exactement. L'on ne peut que les présumer en les classant dans les périodes encore mal déterminées que nous avons fait connaître. On peut seulement tenir compte des signes géologiques qu'on y a rencontrés, des superpositions fréquentes de débris attestant des périodes distinctes pendant lesquelles l'industrie va du néant à l'état le plus primitif, et de là vers un progrès marquant l'instinct, le génie inventif de leurs occupants.

Leurs parois, leur sol, attentivement étudiés, ont permis de reconstituer la faune, parfois la flore, l'industrie, presque les mœurs de l'époque où elles étaient habitées. En groupant les résultats obtenus dans leurs explorations, les savants ont essayé, se basant sur la géologie, d'assigner un âge aux reliques du passé qu'elles nous dévoilaient et de fixer une durée à ces âges.

Nous l'avons déjà dit, on a peu de certitudes acquises, et l'archéologie préhistorique, si ardents et si habiles que soient ses adeptes, en est encore réduite à beaucoup de conjectures. Mais le peu qu'on a pu déterminer sûrement, c'est aux cavernes, à ces premières demeures de l'homme, que nous le devons en grande partie. Ce sont elles surtout qui ont permis d'établir scientifiquement le fait capital de l'existence de l'homme avant les périodes des glaciers.

Toutes les cavernes facilement accessibles étaient habitées. Lorsque le jour n'y pénétrait pas suffisamment, on élargissait l'entrée ou l'ouverture procurant l'éclairage de la demeure. Au milieu se trouvait le foyer, dallé de plaques de grès, de schiste ou de toute autre pierre résistante. Autour de ce primitif foyer la famille prenait ses repas, se chauffait, dormait. Vu l'état de barbarie d'alors, les détritus de toute sorte étaient répandus tout autour et finissaient par former, avec le temps, un entassement énorme de débris.

De même que, de nos jours, les huttes des Esquimaux, remplies de matières en putréfaction, sont d'épouvantables charniers dont les habitants n'aperçoivent pas les inconvénients, de même, à cette époque, les habitants, obligés par le froid à se tenir renfermés, entassaient dans un petit espace tous les résidus provenant de leur présence. Telle est la principale explication qu'on puisse donner de l'abondance vraiment extraordinaire des objets recueillis dans la plupart des cavernes étudiées.

Guidés par l'impérieux besoin d'avoir l'eau à leur portée, mal pourvus des moyens de la transporter, les premiers hommes mirent tous leurs soins à s'établir près d'une rivière, d'un cours d'eau, d'une source. D'autre part, l'observation géologique nous révèle que l'homme contemporain des révolutions quaternaires a vu se creuser, sous l'action irrésistible des puissants cours d'eau de cette période, la plupart des vallées dans lesquelles coulent nos fleuves et nos rivières tranquilles. Un examen attentif nous montre que les grottes les plus haut placées sur les berges de la vallée ont été habitées les premières, et que l'homme transportait sa demeure à un niveau inférieur au fur et à mesure que les eaux se retiraient.

La nécessité d'être à proximité de l'eau ou peut-être la rareté des abris naturels ont souvent rendu leurs occupants victimes de graves catastrophes. Les fleuves et les rivières d'alors, dont le cours était mal réglé, avaient des crues subites, formidables, qui mettaient en péril les habitants de leurs bords. En ces circonstances, les demeures étaient envahies, ravagées; mais l'homme, après avoir fui, reprenait bientôt possession de son ancien domicile, dès que le danger avait disparu. C'est ainsi que des débris extraits de ces cavernes nous montrent fréquemment divers étages séparés l'un de l'autre par une couche sédimenteuse plus ou moins épaisse, attestant une catastrophe plus ou moins importante, un abandon plus ou moins prolongé. Rarement cet abandon était définitif, puisque par-dessus le limon laissé par la dernière inondation l'homme rebâtissait un foyer et que d'autres générations entassaient des marques nouvelles de leur séjour.

Quoi qu'il en soit, le nombre des cavernes habitées a été considérable. Rien que dans quarante de nos départements l'on a étudié plus de quatre cents de ces demeures primitives. On en compterait bien davantage s'il était possible de connaître toutes celles qu'on a détruites ou bouleversées depuis le moment où elles ont attiré pour la première fois l'attention.

A ces excavations dont la nature seule avait fait les frais, il faut joindre celles au moins aussi nombreuses qu'on rencontre dans plusieurs de nos départements, en

Amérique, dans les Indes, et qui sont l'ouvrage des hommes eux-mêmes.

Lorsque l'état du terrain le permettait, non seulement on enlevait les obstacles s'opposant à une occupation commode de la caverne, mais avec leurs simples haches de pierre nos ancêtres rectifiaient, aménageaient l'intérieur, et, si la couche de calcaire n'était pas trop dure, ils y creusaient des demeures souvent considérables qu'ils faisaient communiquer ensemble.

Ces habitations, peu confortables encore, étaient améliorées par une fermeture qui variait suivant l'industrie de l'époque et les défendait plus ou moins bien contre les atteintes du froid. On retrouve auprès des plus anciennes des plaques de pierre qu'on peut considérer comme ayant servi de fermeture. On devait également employer pour le même usage des branchages et des peaux. Sur plusieurs points de Seine-et-Marne, dans la Corrèze, dans l'Amérique, ailleurs encore, on a pu constater, dans des grottes appartenant aux époques de la pierre polie, des traces manifestes de clôture au moyen de pierres taillées s'encastrant dans des rainures ménagées à cet effet. Par une disposition intelligente, on a cherché à éviter l'invasion des eaux. Des degrés taillés dans la craie conduisent à ces habitations qui souvent se groupent. Dans ce cas, on a établi entre elles une communication soit par des escaliers, soit par des ouvertures pratiquées dans le plafond ou dans les parois.

Mais dans les temps les plus primitifs l'homme n'avait pas toujours d'aussi commodes demeures à sa disposition. Dans les contrées où la nature n'avait pas produit d'excavations, ou bien lorsqu'il tenait à plus d'espace, il allait s'abriter sous les rochers surplombant la rivière. Ces stations sont assez nombreuses pour avoir formé une catégorie à part dans le classement archéologique. On les a désignées sous le nom d'abris sous roche; celui de Bruniquel, près de Montauban, sur la rivière de l'Aveyron, est le plus connu et le plus remarquable de ces abris.

Sous un immense rocher en surplomb appelé Montastruc, a été découvert, en 1866, un dépôt fort riche en ossements et en instruments de tout genre. M. Brun, directeur du musée d'histoire naturelle de Montauban, conduisit les fouilles avec une telle adresse et une telle science que sa découverte a fourni beaucoup de notions utiles à l'histoire de cette époque de l'humanité.

Ordinairement, dans les stations de ce genre, le foyer était adossé au rocher, dont les flammes venaient lécher les parois. Souvent aussi une sorte de cabane primitive construite en branchages paraît s'être élevée sous l'abri du rocher; en ce cas, le foyer était placé à quelques pas, auprès de la rivière.

Il n'est pas douteux que l'habitation des cavernes et des abris sous roche a duré un temps très long. L'homme a toujours eu, il a encore un attrait marqué pour ce genre de demeures fraîches l'été, chaudes l'hiver, faciles à défendre contre les envahisseurs et qu'il pouvait aisément dissimuler aux regards de ses ennemis. Cette habitude a été générale en Espagne jusqu'à l'invasion romaine; les habitants des îles Canaries, au xv° siècle, étaient encore troglodytes. De nombreuses grottes portent des signes indiscutables prouvant qu'elles étaient utilisées au moyen âge, soit comme étables, soit comme magasins ou même comme demeures.

Au reste, les voyageurs qui ont parcouru la vallée de l'Oise, celle du Loir, plusieurs départements du centre et du midi, peuvent avoir remarqué quantité de carrières anciennes ou même de simples escarpements creusés, pourvus d'une devanture, fermés de portes, de fenêtres et qui servent de logement à des familles entières, d'étables pour les bestiaux ou de granges pour les récoltes. En outre, tout le nord de l'Afrique, principalement les flancs de l'Aurès, de certains districts montagneux du Sah'ra contiennent de très nombreuses grottes qui ont été ou sont encore habitées. La même remarque s'applique à plusieurs vallées de l'Inde orientale et de Ceylan.

CHAPITRE II

LES CONSTRUCTIONS

Premiers abris. — Les trous des Germains. — Les huttes des Gaulois. — Les *nughari* de Sardaigne. — Les *Pict's houses* et les *burgs* d'Écosse. — Les *talayoti* des Baléares. — Les *castellieri* de l'Istrie. — Les agglomérations; l'organisation en société en est la conséquence.

Partout où il espérait rencontrer un riche terrain de chasse, l'homme venait fixer sa demeure; mais il ne rencontrait pas partout les abris naturels qui abondaient le long des importants cours d'eau. Il devait donc pourvoir à son habitation par sa propre industrie.

Il est hors de doute que, suffisamment ingénieux pour avoir découvert le moyen de s'emparer du gibier dont ils avaient besoin, les premiers hommes ne pouvaient se montrer plus malhabiles à se procurer un gîte.

Frappés des avantages qu'ils rencontraient dans leurs demeures souterraines, ils devaient chercher à reproduire les conditions qu'ils y rencontraient. Selon toute probabilité, ils creusaient une sorte de tanière surmontée d'un toit formé de branches recouvertes de terre et de gazon. Dans leurs fréquentes excursions à la poursuite des animaux, ou lorsque les circonstances les en empêchaient, ils se bornaient sans doute à élever une hutte grossière avec des branchages piqués en terre et garnis de leurs feuilles; l'hiver ils recouvraient cette rustique carcasse de peaux qu'ils transportaient avec eux.

Ces suppositions deviennent des certitudes si l'on ne perd pas de vue ce que nous avons signalé souvent déjà : les nombreux points de ressemblance entre les sauvages actuels et les premiers hommes, attestés par les objets mêmes provenant des découvertes.

Or, ces habitations primitives que nous venons de décrire sont celles d'une quantité de peuplades errantes ou

Glyptodon clavipes.

dégradées. D'ailleurs, un fait indéniable prouve que l'homme primitif utilisait tout ce qui lui offrait un abri.

En explorant les abords du ruisseau de Frios, à quatre-vingts kilomètres de Buénos-Ayres, dans la république Argentine, M. Ameghino découvrit une carapace de glyptodon, édenté fossile dont la taille dépassait trois mètres. Tout autour de cette colossale carapace il y avait du charbon, des cendres, des os brûlés ou fendus et quelques silex accompagnés d'objets divers portant la trace évidente du travail de l'homme. De l'examen du lieu et des fouilles pratiquées à cet endroit il résulte que l'homme s'était emparé de cette carapace, et qu'après l'avoir placée horizontalement sur le sol il avait creusé en dessous et s'était préparé une véritable tanière où il trouvait un abri.

La plupart des stations en plein air, comme à Solutré,

dans la Haute-Saône, n'étaient certainement que des huttes de gazon ou de pisé avec une ouverture supérieure servant au passage de la fumée.

Ne savons-nous pas par les auteurs anciens que les vieux Germains se tenaient dans des tanières recouvertes de fumier qui y concentrait la chaleur?

Au dire de Strabon, les premiers Gaulois habitaient soit des huttes circulaires faites de branches entrelacées garnies de terre, soit de grandes cabanes le plus souvent recouvertes de chaume. Partout l'humanité primitive a usé des mêmes moyens pour satisfaire aux mêmes besoins.

Ces demeures, toutes grossières qu'elles fussent, étaient néanmoins des demeures fixes; elles indiquaient déjà l'abandon de la vie nomade, le commencement d'une vie sédentaire; elles constituaient à l'homme un foyer; elles allaient être le berceau de l'industrie qui devait naître peu à peu du besoin d'occuper les loisirs forcés de la saison rigoureuse.

Ce premier pas franchi, nous ne devons plus nous étonner de voir donner une fixité durable à l'habitation humaine par la construction de demeures en pierres.

Les plus anciennes que l'on connaisse sont les monuments désignés en Écosse sous le nom de *Pict's houses* (maisons des Pictes.)

Ces habitations se composaient d'une construction ronde enfouie dans le sol, d'où elle saillait à peine; tout autour étaient plusieurs petites chambres communiquant par d'étroits passages avec la chambre centrale. Les murs, construits en pierres de grandes dimensions non dégrossies et sans ciment d'aucune sorte, convergeaient vers le toit, dans lequel était ménagée une ouverture de un à deux pieds, fermée par de grandes dalles.

Pendant longtemps on a voulu considérer comme plus anciens encore les *burgs*, *brochs* ou *broughs* qui abondent dans le nord des îles Britanniques; mais on a découvert récemment un Pict's house sous les ruines mêmes d'un brough; il ne peut donc plus y avoir de doutes à cet égard.

Ces *burgs* ou *broughs* ont des analogies nombreuses en Sardaigne sous le nom de *nughari*, aux îles Baléares sous celui de *talayoti* et dans l'Istrie sous celui de *castellieri*.

Tous étaient à peu près semblables et se composaient d'une tour circulaire bâtie en pierres sèches posées par assises fort larges, dans l'épaisseur desquelles les constructeurs avaient ménagé un escalier conduisant au sommet du monument. De petites chambres coniques s'ouvraient sur l'intérieur et communiquaient avec des galeries. Le seul orifice extérieur était la porte, dont la hauteur ne dépassait guère deux mètres. Ouverts par le haut, ces monuments représentaient assez exactement un cylindre ou un cône tronqué dont les parois allaient en s'amincissant de la base au sommet.

Ces constructions, qu'on rencontre surtout en Écosse, aux Baléares, en Istrie, couvrent littéralement le sol en Sardaigne. Un archéologue distingué de ce dernier pays, l'abbé Giovanni Spano, a, pour sa part, constaté l'existence de plus de quatre mille de ces monuments, dont la masse encore imposante nous indique ce que furent les premiers essais d'agglomération humaine dans nos contrées européennes.

Quoi qu'il en soit de l'époque d'où datent les divers monuments dont il vient d'être question, nous constatons qu'ils indiquent un des efforts les plus considérables de l'humanité; ils sont le signe indéniable d'une réunion d'individus résolus à vivre en commun dans des conditions de stabilité inconnues jusqu'alors. Ils prouvent que les rudiments d'une société existaient déjà, que l'homme était convaincu de la puissance et du besoin de l'association; ils impliquent une constitution de la propriété, puisque certains de ces monuments paraissent avoir eu pour objet principal d'empêcher l'envahissement de voisins plus forts ou plus avides. En un mot, on peut dire que la société est née avec la première construction fixe.

CHAPITRE III

LES HABITATIONS SUR L'EAU

Les lacustres jadis et aujourd'hui, dans le vieux et dans le nouveau monde. — Les palafittes suisses. — Les pfahlbauten, les packwerbauten, les ténevières, les steinberg. — Leur présence en Suisse, en France et ailleurs. — Leur construction, leur population. — Pilotis de divers âges. — Leurs révélations. — Les crannoges d'Irlande et d'Écosse. — Les terramares d'Italie, du Brésil, de l'Afrique.

De tous les monuments que nous a révélés l'archéologie préhistorique, les plus curieux, les plus intéressants sont à coup sûr ceux qu'on connaît sous le nom de cités lacustres ou palafittes. Avec eux nous pouvons presque reconstituer les peuples qui les habitaient, décrire leurs mœurs, leurs usages; ils nous révèlent toute une humanité dont on n'avait nul soupçon avant leur découverte. Ils ont été l'un des plus importants anneaux de la chaîne que la science cherche à renouer.

Le hasard seul, ainsi qu'il arrive dans une multitude de cas, a mis sur leurs traces, et voici comment :

L'hiver de 1853 à 1854 fut, en Suisse, d'une sécheresse exceptionnelle. Quand vint l'été, les lacs, ordinairement alimentés par une abondante fonte de neige, offrirent un niveau plus bas que jamais. Les habitants du petit village de Meilen, sur les bords du lac de Zurich, profitèrent de cette circonstance pour agrandir leurs jardins aux dépens du lac au moyen d'empierrements. En dégageant la vase du fond, ils trouvèrent une quantité de pieux renversés ou plantés verticalement et retirèrent en même temps de nombreux débris de poterie, des instruments d'os et de pierre.

L'abondance de ces objets semblait inexplicable, lorsque le docteur Zeller, de Zurich, ayant été appelé par la rumeur publique à examiner tous ces débris, eut la pensée qu'il avait sous les yeux les restes d'une station ayant appartenu aux temps préhistoriques.

Il savait, avec tous les riverains, que souvent les pêcheurs des lacs ramassaient dans leurs filets des restes d'objets sans destination apparente, et que, dans une zone assez voisine du bord, et nommée par eux *blanc-fond,* l'on apercevait en certains endroits des têtes de pieux qui semblaient tapisser le fond du lac. En rapprochant l'un de l'autre ces faits plus ou moins connus, la disposition de ces pieux, la variété, les formes, la destination probable des débris recueillis, en les comparant à ceux qu'avaient donné les tourbières du Danemark, le docteur Zeller conclut que les habitants primitifs de la Suisse se bâtissaient des demeures au-dessus de l'eau et qu'il venait d'en retrouver les traces.

Il fit bientôt connaître ses découvertes, qui éveillèrent puissamment la curiosité du monde savant. On se mit avec ardeur à rechercher des stations semblables, et l'on fut bientôt convaincu de l'exactitude des conclusions du savant docteur.

En effet, on se trouvait en présence des ruines d'habitations en tout semblables à celles que les auteurs anciens, Hérodote et Hippocrate, nous ont fait connaître en parlant des Peôniens du lac Prasias, en Thrace, et des habitants des bords du Phase, ce fleuve célèbre par l'expédition des Argonautes.

On se souvint que la colonne Trajane, à Rome, reproduit des habitations sur pilotis en souvenir de victoires sur les Daces, que le British-Museum conserve, parmi les antiquités assyriennes rapportées du palais de Sennachérib, des bas-reliefs représentant des îles artificielles formées par l'enlacement de roseaux, sur lesquelles des guerriers résistent aux Assyriens vainqueurs.

L'on se rappela encore que les Espagnols, abordant au nouveau monde, virent avec un grand étonnement, sur la lagune de Maracaïbo, une espèce de village entièrement bâti sur pilotis. Leurs auteurs n'ont pas assez d'extase pour les délicieux jardins flottants formés de radeaux couverts de terre et pourvus d'une habitation où les riches Mexicains se retiraient pendant les ardeurs de l'été, absolument comme les anciens Assyriens et les Chinois modernes.

On reconnut que depuis longtemps ce mode de construction était signalé par les voyageurs dans diverses parties du monde, que les pêcheurs du lac Prasias conservaient le même mode d'habitations qu'au temps d'Hérodote, que les Cosaques du Don, les pêcheurs de l'embouchure du Volga ont des demeures absolument semblables, ainsi que de nombreuses peuplades dans l'Indo-Chine, aux Célèbes, à Java, à Bornéo, dans la Nouvelle-Guinée, sur les bords du Niger, du Zambèze et de plusieurs cours d'eau de l'Amérique du Sud. En poussant au fond des choses, on convint que Venise n'est elle-même qu'une cité lacustre bâtie sur une lagune de l'Adriatique.

Les palafittes suisses semblaient donc être les exemplaires primitifs de ce mode d'habitations que l'on retrouve en tous lieux et à toutes les époques de l'histoire.

Par la différence des détails de leur construction, l'on reconnut qu'elles appartenaient à diverses époques : les unes, les plus anciennes, remontent à la pierre taillée; les autres, les plus récentes, ne dépassent point les premiers temps des invasions romaines. Celles de l'époque du bronze sont plus nombreuses que celles de l'époque de la pierre, soit taillée, soit polie. A l'âge dit du fer, les Helvétiens paraissent avoir abandonné ce genre d'habitations, car il n'a été trouvé que peu de stations lacustres appartenant exclusivement à cet âge, tandis que beaucoup d'elles, édifiées dès l'époque de la pierre, ont continué à être occupées pendant l'âge du bronze et même pendant les premiers temps de l'âge du fer.

Soit par fidélité à des traditions, soit à cause de l'excellence de la position, nous voyons même que certaines stations, Rob-nhausen entre autres, ont été reconstruites au même lieu après plusieurs destructions successives.

Il ne faudrait pas croire que les découvertes du docteur Zeller, à Zurich, étaient un fait isolé. Séduits par l'intérêt de ces recherches, les explorateurs ont déployé une telle ardeur qu'on a retrouvé déjà plus de deux cents stations lacustres réparties principalement sur les bords des lacs de Genève, de Neuchâtel, de Bienne, de Morat, de Zurich, d'Inkwyl, de Mooseedorf, de Sempach, de Wauwyl, de Pfeffikon, de Constance, de Nussbaumen. Chaque jour fait retrouver d'anciens pilotages non seulement en Suisse, mais en France, en Italie, en Allemagne, en Hongrie, en Angleterre, en Autriche, en Pologne, sans compter ce que nous réservent les études poursuivies dans le nouveau monde.

En France, nous appelons ces vieux monuments habitations lacustres, du mot latin *lacus*, lac; en Italie, on les nomme palafittes, du mot *palafitta*, qui signifie clayonnage. Dans la Suisse française, on les désigne sous les noms de pilotage, de stations ou cantonnements lacustres; on les y nomme *ténevières* quand les pilotis, au lieu d'être enfoncés dans le sol, sont assujettis par des amas de pierres; dans la Suisse allemande, on les appelle *pfahlbauten* quand les pilotis sont piqués dans le lac, *steinberg* s'ils sont fixés par des pierres, et *packwerbauten* quand l'ensemble présente une masse entremêlée de pierres, de bois et de terre destinée à former un îlot artificiel.

Autant qu'on en peut juger par l'étude des ruines retrouvées, le mode de construction des habitations lacustres ne fut pas le même partout, ni à tous les âges. Au début, et surtout dans les petits lacs où l'expérience montra que ce genre de construction était suffisant, les primitifs Helvétiens se bornèrent à créer, à distance convenable du bord, des îlots composés de pierres, de bois brut, de terre entremêlés, disposés par couches successives ; l'ensemble était soutenu et protégé contre l'action destructive de l'eau par une sorte de clayonnage entourant la construction. Sur cet îlot s'élevait la grossière cabane qui formait sa demeure. Au moyen d'un tronc d'arbre creusé, il communiquait avec la terre. Parfois pourtant il assurait ses communications par un passage étroit établi sur pilotis.

Plus tard, et sur les grands lacs, dont les fortes tempêtes auraient eu vite raison de son frêle édifice, l'homme de la Suisse établit des pilotis uniquement pour soutenir sa demeure. Il avait remarqué que la surface des eaux est seule agitée par la tourmente, et qu'en établissant son habitation à une certaine hauteur au-dessus du lac, les pieux, établis à distance convenable, reliés solidement entre eux, brisaient la vague et qu'elle passait sous ses pieds sans dommage pour lui. Puis il rendit plus difficile l'accès de son logis en supprimant tout passage ou en le coupant, à certains endroits, par une partie mobile qui remplissait le même usage que les ponts-levis.

Généralement on établissait les villages lacustres à une distance de la terre variant de 100 à 200 mètres, dans une profondeur d'eau ayant au moins 1 mètre, mais ne dépassant jamais 5 mètres.

L'esprit reste frappé d'admiration devant l'énergie, la ténacité, la persévérance qui ont dû, chez ces constructeurs primitifs, suppléer aux moyens d'action énergiques dont nous disposons aujourd'hui. On est stupéfait en voyant l'étendue qu'ils avaient donnée à leurs établissements et l'énorme somme de travail que représente ce qui nous en reste. On estime qu'à la station de Wangen, sur le lac de Constance, il a fallu fixer plus de quarante mille pilotis au fond du lac, et l'on évalue à cent mille ceux qui marquent la station de Robenhausen, sur le lac de Pfeffikon : c'est, il faut le dire, la plus importante de celles qu'on connaît.

Malgré toutes les recherches auxquelles on s'est livré, on est encore réduit aux conjectures les plus diverses pour expliquer par quels moyens les hommes de ces époques parvenaient à enfoncer dans le sol des pilotis si forts et si nombreux. Il ne s'agit pas de simples perches : les pieux de l'âge de pierre sont de véritables troncs d'arbres mesurant jusqu'à 28 et 30 centimètres de diamètre; ceux de l'époque du bronze sont plus faibles, mais plus nombreux. Il est évident qu'en présence des énormes difficultés à vaincre pour parvenir au bout d'un semblable travail, l'on a progressivement remplacé le volume par le nombre des troncs et un système de liens plus solides.

Pour abattre les arbres employés aux palafittes, on se servait des instruments de pierre et du feu. Les petites scies de pierre et les haches de silex servaient à entamer circulairement le tronc; on attendait alors que l'ouragan eût raison de l'arbre, ou bien, au moyen d'une corde d'écorce ou de peau fixée au sommet, on l'attirait en bas. D'autres fois on commençait par affaiblir la base du tronc au moyen d'un feu convenablement dirigé. Quand l'arbre était abattu, on l'appointait avec la hache de pierre, on le traînait sur la rive, et, au moyen de pirogues, on le transportait, puis on le dressait à la force des bras seuls très probablement.

Lorsque le fond du lac était rocheux, il devenait inutile d'appointer les pilotis, mais l'établissement de la bourgade n'en était que plus laborieux. On maintenait provisoirement debout les pilotis, puis on apportait dans les pirogues de grosses pierres qu'on coulait pour caler la base. Quand tous les pilotis se trouvaient ainsi fixés, le fond du lac était exhaussé par un monticule pierreux. On croit que l'usage était d'apporter des pierres, chaque année, pour consolider les fondations. L'on a trouvé dans le lac de

Habitations lacustres de la Suisse.

Neuchâtel un bateau chargé de pierres évidemment destinées à cet usage; souvent on retire des lacs des pieux courbés, brisés même par la charge qui avait posé sur eux.

Il est à croire que le pont par lequel on reliait la bourgade à la rive était l'objet des premières opérations. Il devait faciliter beaucoup le transport des pilotis. Ceux-ci étaient rangés parallèlement au rivage, formant des lignes d'une régularité peu appréciable, et se trouvaient unis ensemble par des pièces de bois placées en potence. Quand leur nombre était suffisant, on établissait une plate-forme destinée à supporter les cabanes.

Cette plate-forme se composait de plusieurs couches de troncs et de perches entrelacés, parfois même de plateaux grossiers éclatés au moyen de coins, par-dessus lesquelles on étendait un épais revêtement d'argile. Des liens en branches tordues, des mortaises, des assemblages à queue d'aronde tels que les font nos charpentiers d'aujourd'hui, des chevilles servaient à fixer ce plancher au pilotage. De distance en distance dépassant le niveau de la plate-forme, on devait ménager les plus longs pilotis pour servir de montants principaux et de points d'attache aux cabanes qu'on allait ériger. Dans l'intervalle, on plantait des piquets, lesquels étaient entrelacées des branches flexibles, et les parois de la cabane étaient recouvertes à l'intérieur et à l'extérieur d'un enduit de terre.

Un toit de chaume, au milieu duquel une ouverture était disposée pour la sortie de la fumée, recouvrait le modeste édifice; une baie carrée servait à la fois de porte et de fenêtre; pendant l'hiver, des nattes en roseaux ou des peaux la masquaient et empêchaient le froid de pénétrer. La famille se contentait alors du peu de jour qui pénétrait par l'ouverture supérieure, ou bien de la lueur répandue par le foyer placé sur une pierre au centre de la cabane. Parfois aussi, — et les découvertes autorisent à le penser, — une grossière lampe de terre, alimentée par de la mousse trempée dans la graisse, permettait aux habitants de prolonger la veillée.

L'ardeur des investigations, la science des chercheurs, la logique de l'induction sont telles que tous ces détails sont comme inscrits sur chacun des débris ramenés du fond des eaux. Il n'est pas jusqu'à l'incendie qui détruisit toutes ces bourgades de chaume et de branchages, qui n'ait été un précieux auxiliaire pour les archéologues. Grâce à lui, les matières carbonisées à demi, tombées dans le lac, ont pu dormir pendant de longs siècles à l'abri de toute altération, et, le jour où elles ont été interrogées, répondre d'une façon certaine pour redire ce que fut l'existence de ce peuple disparu dont on ne connaît point la naissance.

Des plaques de terre à moitié cuite par l'incendie, portant l'empreinte des branchages qu'elle recouvrait, gardant encore la forme cintrée de la cabane, permettent de déterminer à peu près la dimension des habitations lacustres. C'étaient, pour la plupart, des huttes rondes de 4 à 5 mètres de diamètre; quelques-unes avaient jusqu'à 9 mètres, et parfois on constate que plusieurs d'entre elles étaient de forme rectangulaire. Suivant toutes probabilités, un petit hangar circulaire s'adossait à la hutte principale. Tantôt chaque cabane était isolée, et tantôt, selon les besoins ou l'importance de la famille, elles étaient rapprochées au point de communiquer ensemble. Enfin, devant l'habitation de chacun, une trappe était pratiquée à travers la plate-forme et permettait d'atteindre dans l'enclos situé en dessous, dans le lac, le poisson mis en réserve les jours d'abondante pêche. Par là aussi les habitants se débarrassaient de tous les détritus de leurs demeures.

De l'ensemble des ruines ainsi retrouvées, du nombre des pilotis, de l'étendue qu'ils recouvrent, on a essayé de déduire le chiffre de la population des lacustres. La station de Morges, sur le lac de Genève, a 400 mètres de long sur 50 de large, et l'on estime à plus de trois cents le nombre des cabanes dont elle devait se composer; on lui attribue une population de douze cents habitants; le village de Chabrey pouvait en compter huit cents; Pfeffikon et Hauterive six cents chacune ; la Tène, moins considérable, quatre cents seulement. On estime à cinq mille âmes la population qui vivait sur le lac de Neuchâtel.

En poussant les calculs jusqu'au bout, en tenant compte de l'époque de leur création, de leur étendue, de l'abondance des débris, de leur durée probable, M. Troyon, qui a fait une étude spéciale de la question, pense que la population des palafittes de l'âge de la pierre, en Suisse, pouvait être de trente-deux mille âmes; celle de l'âge du bronze paraît avoir été plus considérable, il l'évalue à quarante-deux mille habitants.

A dire vrai, des doutes se sont élevés dans plusieurs esprits en examinant l'abondance de certains débris recueillis dans les lacs suisses, leur amoncellement parfois considérable au même point, et l'on a émis l'opinion que les palafittes étaient non point les habitations, mais simplement les magasins dans lesquels les premiers Helvétiens renfermaient leurs approvisionnements en nourriture, en armes, en denrées de toute sorte, pour les mettre à l'abri des entreprises ennemies.

L'ensemble des révélations recueillies par l'examen des restes si variés, si divers d'aspect et d'origine, ne permet pas de s'attacher à une pareille idée. Les amoncellements de grains et d'autres denrées prouveraient simplement que les habitants renfermaient leurs provisions avec eux; tout au plus pourrait-on reconnaître qu'à une époque déjà avancée de l'âge du fer certaines stations, abandonnées comme habitations, étaient encore utilisées comme magasins. Dans tous les cas, le nombre des villages lacustres non détruits par l'incendie est excessivement res'reint et prouve bien que ce mode d'habitation n'est pas tombé en ruines par suite d'un simple abandon.

De divers côtés, on avait constaté la nécessité pour l'homme, à tous les âges, de pourvoir à sa défense en isolant sa demeure, en la rendant inaccessible à ses ennemis. En Suisse, en France, on avait adopté la construction au-dessus de l'eau.

En Irlande, en Écosse et en Angleterre, où abondaient les lacs et surtout les marais, on rencontre des ruines appelées « crannoges », qui sont une modification peu importante des « packwerbauten » helvétiens. L'édifice était plus simple, mais son but était le même. Il se composait d'un îlot formé de fascines alternant avec des lits de pierres et de terre; le tout était consolidé par des pieux fixés dans le fond du lac et reliés par des pièces de bois en travers. Quelquefois ce travail central se trouvait doublé à l'extérieur d'estacades plus ou moins compliquées, dont le rôle était d'amortir l'effort des vagues et d'empêcher l'écroulement de l'îlot central.

Ces « crannoges » remontent aux époques les plus reculées de l'archéologie du Nord; mais ils semblent postérieurs aux lacustres de l'époque du bronze en Suisse.

Il est hors de doute que, dans les îles Britanniques, la civilisation primitive a duré jusqu'à une époque relativement proche de nous, que des légendes historiques de ces contrées, datant certainement du XIe siècle après notre ère, mentionnent les « crannoges » comme le repaire d'aventuriers, et qu'ils étaient, au XVIe siècle, le refuge des chefs de clan dans leurs guerres fréquentes et dans leurs révoltes plus fréquentes encore.

Dans tous les cas, ces stations ont été fort nombreuses, et dès 1859 on en connaissait déjà quarante-six rien qu'en Irlande. Depuis, les fouilles en ont révélé plusieurs autres.

Entre le Pô et l'Apennin, dans l'Italie du Nord, dans les parties basses du Parmesan et dans les plaines voisines du Reno, se rencontrent certains gisements d'une terre ammoniacale exploitée comme engrais, et nommée par les cultivateurs de la contrée *terra mara*. En voulant se rendre compte des causes qui donnaient à cette terre ses propriétés particulières, on s'aperçut qu'elle était fort riche en débris organiques de toutes sortes. On fouilla attentivement, et l'on put bientôt se convaincre que les monticules ainsi exploités, renfermant des masses considérables d'ossements, n'étaient autre chose que des amoncellements occasionnés par un long séjour de l'homme : de là les noms de *terramares* ou *marières* sous lesquels on désigne ces vestiges.

Les terramares représentent assez bien pour le Midi ce que les kjokkenmoddings étaient pour le Nord, avec cette différence qu'au lieu d'être installés au bord de la mer, les auteurs des terramares étaient fixés dans des lieux marécageux.

Une partie de ces habitations était établie sur des marais ou étangs peu profonds que les nombreux détritus ne tardaient pas à combler. Leur mode de construction était semblable à celui des palafittes. On pilotait d'abord le sol et l'on assujettissait les pieux par des traverses. Sur ce pilotage, on posait un plancher grossier sur lequel s'élevaient des cabanes en torchis Parfois même, les constructeurs (peut-être des Helvétiens émigrants) creusaient un bassin artificiel avant d'y établir leur village, et créaient des difficultés d'accès là où la nature du sol ne leur offrait pas une sécurité suffisante.

A force de répandre autour d'eux, dans un espace restreint, les détritus nombreux de leur séjour, les habitants de ces bourgades avaient fini, comme nous l'avons dit, par combler le lac ou le marais et même par exhausser le sol d'une façon telle que les terramares forment aujourd'hui des monticules dépassant de 2 à 4 mètres le terrain environnant.

De plus, nous avons la certitude que des habitations nouvelles s'édifiaient successivement sur le même emplacement ainsi surélevé.

On a pu constater aussi, mais sans pouvoir leur assigner d'âge, que certaines terramares dataient des époques primitives de la civilisation; les débris qu'on y recueille n'ont en général ni l'importance ni la richesse de ceux des palafittes suisses et semblent appartenir, pour la plupart, à une époque voisine de la fin de l'âge du bronze.

L'Italie du Nord n'a pas seule le privilège de recéler ces antiques vestiges de l'humanité. La Moravie et le Mecklembourg, en Europe, possèdent quelques-unes de ces stations ; le Brésil, qui semble recéler des vestiges aussi intéressants que nombreux de l'antique séjour de l'homme, le Brésil a déjà fourni des preuves suffisantes pour démontrer que des terramares y ont existé en même temps que les « sambaquis » ou amoncellements de débris de repas. L'Afrique australe, si peu connue encore au point de vue qui nous occupe, réserve également à l'observateur de précieuses découvertes analogues, et nous montre que les procédés d'habitation, aussi bien que tous ceux qui s'appliquaient aux besoins de l'homme, étaient les mêmes sur son territoire que sur celui de l'Europe continentale.

QUATRIÈME PARTIE

LE VÊTEMENT

CHAPITRE I

LES PREMIERS VÊTEMENTS

Peaux de bêtes. — Peaux d'hiver et peaux d'été. — Préparation et tannage des peaux. — Épilage. — Lissoirs. — Couteaux, perçoirs en pierre; poinçons en os. — Aiguilles à rainures et à chas. — Tendons pour la couture. — Boutons.

Les physiologistes sont tous d'accord pour reconnaître que, livré à l'état de barbarie, l'homme n'a aucunement le sentiment de la pudeur, et qu'il ne se couvre de vêtements que pour se défendre du froid. Cette remarque, universellement exacte, explique seule la différence qui caractérise sur ce point les sauvages des contrées polaires et les sauvages des pays tropicaux, bien que leur manque de civilisation et d'intelligence soit le même.

Sachant, à n'en pouvoir douter, que l'homme vivait aux premiers temps quaternaires, qu'il était contemporain des hippopotames, des rhinocéros et d'autres animaux vivant dans nos contrées, que ces contrées étaient remplies d'une flore abondante ne pouvant appartenir qu'à un climat chaud, nous pouvons dire hardiment que les premiers hommes ne connaissaient point l'usage des vêtements. Au surplus, diverses sculptures des troglodytes, représentant des chasseurs à la poursuite du gibier, nous montrent ces chasseurs privés de tout vêtement.

Lorsque plus tard, sous l'influence des immenses glaciers venus du Nord, notre climat se modifia, et que la terre envahie par le froid n'avait plus d'habitables que quelques points isolés préservés par leur altitude de l'envahissement général, l'homme, désarmé par la nature, commença dès lors à réchauffer ses membres, à se préserver de la froidure glaciale en jetant sur ses épaules la peau des animaux qu'il tuait à la chasse.

Il n'est pas téméraire d'affirmer qu'après avoir connu la douce chaleur que lui conservaient ces peaux dont, sans doute, il tournait le poil en dedans pendant l'hiver, il reconnut l'avantage qu'il aurait à se préserver pendant l'été des déchirures causées par les halliers qu'il traversait en poursuivant les fauves. Dès lors, il prit des peaux plus légères, moins chaudes, et, pour moins souffrir de la chaleur de son vêtement, il les débarrassa de leur toison.

La première opération de ce genre dut être singulièrement longue, puisqu'il fallait arracher à la main tous les poils recouvrant la peau de l'animal. Quelque esprit inventif, connaissant la propriété coupante du silex cassé, eut la pensée de faciliter son travail en tondant le poil au niveau de la peau, et il promena sur la dépouille de sa chasse un silex dont la cassure arrondie favorisait l'épilage. Les pierres à tranchant cintré qui abondent dans les collections sont les instruments primitivement employés à ce travail ; du moins il semble difficile de leur assigner un autre emploi.

Ce premier résultat acquis, on voulut obtenir la souplesse, et l'on eut bien vite remarqué l'influence d'un corps gras sur la peau qu'on travaillait. Le tannage paraît avoir été pratiqué dès la plus haute antiquité, non tel qu'il s'exécute depuis longtemps, mais par une opération analogue à celle de certaines peuplades asiatiques et américaines.

En voyant dans les cavernes et dans les stations de tout genre l'immense quantité d'ossements fendus en long dans le but évident d'extraire leur moelle, il a paru impossible de croire que toute cette moelle était consommée pour la nourriture; on a pensé qu'elle était plutôt recueillie pour quelque usage domestique, l'éclairage ou la préparation des peaux. Il est donc probable qu'une partie de

Grattoir de pierre (lac de Neuchâtel).

cette moelle, mélangée aux cendres du foyer, servait à débarrasser les peaux des résidus de chair et de sang, par un frottement énergique et prolongé; puis la peau était mise à sécher à l'air, maintenue par des piquets et souvent enduite de graisse et de cendres. Au moyen de lissoirs en os on assouplissait, on égalisait les parties plus épaisses; enfin, avec des couteaux de pierre on taillait les peaux de façon à obtenir les pièces qui devaient constituer le vêtement. Et alors avait lieu sa confection proprement dite; on y employait les perçoirs de pierre pour les peaux résistantes et les poinçons en os pour les plus faciles à pénétrer. Dans les trous ainsi préparés on passait des tendons d'animaux qui remplaçaient le fil dans le travail de la couture.

A l'origine, ces tendons n'étaient peut-être que le plus

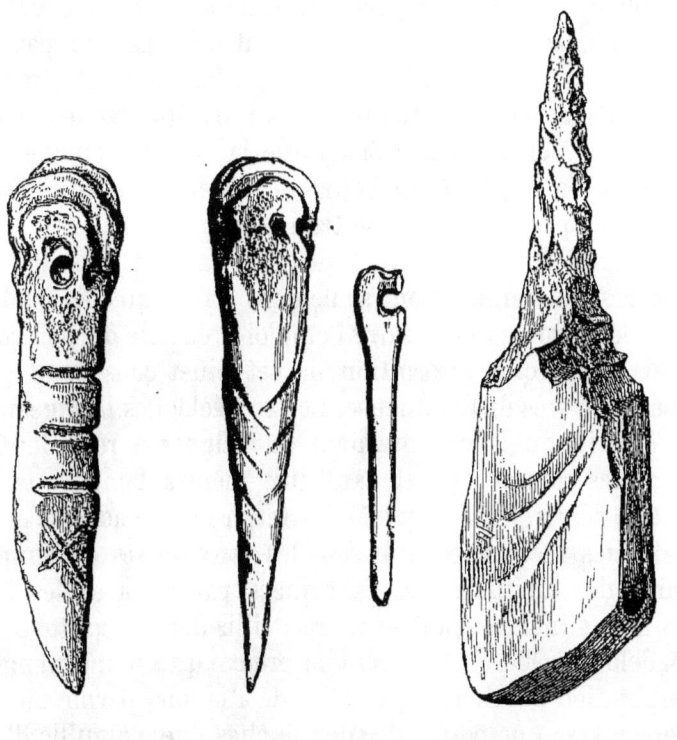

Lissoir en os.   Poinçons en os.   Alène en caillou.

pointus possible, ou leur extrémité était rendue plus rigide en les enduisant de résine ou de bitume. Mais, plus tard, à l'époque dite de la Madelaine, se révèlent à nous des progrès fort curieux. Les fouilles nous ont donné des aiguilles d'os, de véritables aiguilles dont beaucoup sont des chefs-d'œuvre en leur genre : régulières et fines au delà de ce qu'on peut attendre de gens n'ayant que de grossiers instruments de pierre pour les fabriquer.

Ces aiguilles étaient généralement un peu aplaties, longues de 6 centimètres et fortes comme une grosse aiguille de tapissier. Elles se fabriquaient en détachant en long une esquille que l'on amenait à la forme voulue par un patient polissage sur une pierre rugueuse. Grossières au début, leur tête n'était point percée; elles portaient sur le côté une rainure longitudinale dans laquelle on couchait le fil de tendon, très probablement collé par un peu de résine; dans ces conditions, l'aiguille facilitait simplement l'entrée du fil dans les trous produits avec le perçoir de pierre, de la même façon que la soie de sanglier qui termine le fil poissé du bourrelier et du cordonnier facilite son passage à travers le trou percé par l'alène.

L'aiguille à chas ne vint que plus tard et constitua un progrès immense, non seulement parce qu'elle rendait inutile ou moins nécessaire l'emploi préalable du poinçon, mais parce que l'exécution de cet œillet constituait une opération très difficultueuse. Les archéologues la jugeaient si difficile qu'ils ne pouvaient se résigner à regarder les aiguilles comme appartenant aux mêmes temps que les autres débris. Il fallut que M. Lartet, à force d'adresse et de patientes recherches, mît sous les yeux de ses contemporains des aiguilles d'os fabriquées par lui avec les instruments mêmes qu'il avait recueillis dans la grotte de la Madelaine. Quand ils eurent la preuve qu'un mouvement de rotation régulier, léger et rapide à la fois, permettait de percer avec une pointe de silex le chas d'une aiguille d'os, les savants se décidèrent à admettre que ces curieuses petites pièces avaient l'origine qu'on leur attribuait.

Quoi qu'il en soit, ceci prouve que l'aiguille d'os était un objet de valeur; il en devait être ainsi puisque l'on ramène fréquemment au jour des aiguilles d'une longueur bien moindre; un examen attentif fait voir que lorsque la pointe s'émoussait ou se cassait, accidents qui devaient être fréquents, l'ouvrier lui en confectionnait une autre ou la ravivait au moyen du polissoir de petite dimension qu'il portait suspendu à son cou. Par suite de réfections successives, quelques-unes de ces aiguilles sont réduites à une longueur moindre de 3 centimètres; d'autres n'ont de si petites dimensions que parce qu'elles étaient évidemment destinées à des travaux délicats comme nous en retrouvons dans les lacustres de l'époque du bronze.

Des peaux dont se couvraient nos primitifs ancêtres il ne nous reste rien; mais il est arrivé plusieurs fois aux explorateurs de rencontrer des squelettes accompagnés de petits objets en os ou en bois de renne qui, d'après leur construction et la position qu'ils occupaient sur le cadavre, ne pouvaient être que des boutons ayant servi à retenir les peaux formant les vêtements du défunt.

Tels sont, d'une manière générale, les faits qui nous sont parvenus sur l'art du vêtement aux époques préhistoriques; nous allons maintenant étudier les débris se rattachant à cette importante industrie.

CHAPITRE II

LES ÉTOFFES DES TEMPS PRÉHISTORIQUES

Tissus des tourbières et des palafittes. — Toiles, lainages, cuirs. — Le tissage aux temps préhistoriques. — Vêtements de l'époque du bronze.

Les tourbières du Danemark et les palafittes suisses qui, dès les premières fouilles, devaient conduire les chercheurs de surprise en surprise, ont rendu au jour d'immenses quantités d'objets dont la conservation est déjà surprenante malgré leur nature résistante : poteries, objets d'os, de corne, de pierre, de coquillages et quelquefois de bois. Mais le plus étonnant, à coup sûr, a été de retrouver jusqu'à des tissus, des morceaux d'étoffe assez bien conservés pour reconnaître leur composition, se rendre compte de leur fabrication et saisir même, sur plusieurs fragments, des traces d'ornementation produite soit pendant, soit après le travail du tissage.

Dans les tourbières du Danemark ce sont surtout des tissus de laine, et dans les lacs suisses et écossais des tissus de toile qui ont été rencontrés. Ces toiles sont de lin tressé et tissé avec un soin déjà remarquable. A côté d'elles ont été trouvés des fragments de câbles en paille, en fibres d'écorce et des débris de filets.

Comme pour attester l'authenticité de leur provenance, ces antiques ruines se trouvaient enfouies sous d'épaisses couches d'objets divers d'un âge indiscutable. En même temps que le tissu, on retirait aussi les débris du métier primitif qui l'avait supporté, des poignées du lin avec lequel il avait été fabriqué, le peigne qui avait servi à la préparation de ce lin.

Ces preuves pouvaient n'être qu'apparentes. Pour se convaincre de leur réalité, on soumit les lambeaux d'étoffe à l'examen microscopique; l'objectif montra, fixée après ces antiques tissus, toute une végétation microscopique appartenant aux mêmes époques que les autres débris et n'ayant plus de représentant dans les couches supérieures du terrain exploré. Ces tissus trouvés parmi des débris attribués à l'âge de pierre remontaient bien réellement jusque là.

Pendant longtemps on avait pris pour des pesons de fuseaux provenant des métiers primitifs certains objets en terre à demi cuite, de forme conique, ornés de lignes disposées dans un sens déterminé. Il semblerait résulter de recherches et de travaux récents que ces sortes de petits glands en pierre ou en poterie avaient une destination religieuse encore assez mal déterminée d'ailleurs, mais qu'ils n'étaient point employés au tissage, ainsi qu'on le supposait.

Une observation a surtout frappé les chercheurs, c'est que le chanvre semble avoir été inconnu des premiers hommes; nulle part on ne trouve de traces de ce précieux textile.

La connaissance évidente que nos ancêtres avaient des tissus de toile a fait dire à certains auteurs que l'usage du linge était connu et que, sous leurs vêtements de peau, les hommes de l'époque du bronze portaient des tissus de lin. Cette assertion semble un peu risquée, car cette supposition ne s'appuie sur rien de solide, d'autant qu'on ignore absolument quelle durée a pu avoir l'usage des vêtements de peau et l'époque même approximative à laquelle fut connu l'art de tisser la toile.

Mais de toutes les découvertes relatives aux vêtements

des premiers hommes, les plus curieuses assurément sont celles qui furent faites, vers 1861, dans une ferme du Jutland, en Danemark, et qui mirent au jour toutes les pièces composant la toilette d'un chef qui avait vécu aux derniers temps de l'âge du bronze.

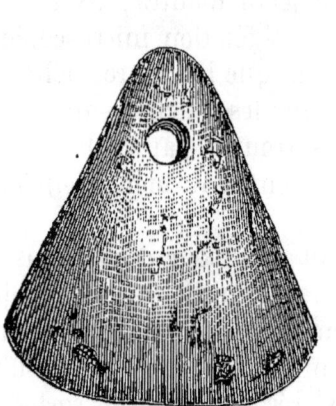
Contrepoids de tisserand.

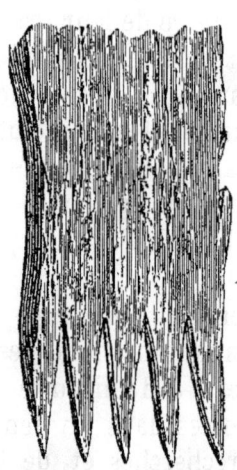
Peigne à chanvre.

Là existaient quatre tumuli depuis longtemps connus dans la contrée, mais qui jusqu'alors étaient restés inexplorés. L'un d'eux, celui qui fournit les plus précieux vestiges, contenait trois cercueils de bois dont deux étaient de grandeur naturelle; l'autre était celui d'un enfant. Le cercueil qui nous intéresse particulièrement était recouvert d'un couvercle mobile. Contrairement à ce qui a lieu presque partout ailleurs, les parties solides du cadavre avaient disparu; les os, à l'exception de quelques fragments, n'étaient plus qu'une sorte de poudre bleue; par contre, les parties molles du corps, influencées sans doute par l'eau fortement chargée de fer, s'étaient converties en une substance noire et graisseuse. Le cerveau avait subi si peu de changement que là où la tête avait reposé il se trouvait recouvert par un épais bonnet hémisphérique en laine, d'une forme qu'on retrouve encore chez les Turcomans. L'extérieur de ce bonnet est couvert de fils courts se terminant tous par une sorte de petit nœud; c'est presque l'aspect de la fourrure orientale appelée astrakan. Un grossier manteau de laine, formé d'une pièce d'étoffe semi-circulaire imitant la peluche, avait enveloppé le cadavre. Sous ce manteau était une chemise de laine tissée; elle était attachée autour de la ceinture par une bande de laine qui faisait deux fois le tour du corps et pendait par devant. Deux châles presque carrés et ornés d'une longue frange, toujours en laine, recouvraient l un le haut, l'autre le bas du corps.

Quand ces châles eurent été enlevés on aperçut à l'extrémité du cercueil, du côté opposé au bonnet, des traces de cuir qui pourraient bien avoir été les chaussures du mort, et deux morceaux d'étoffe de laine qui semblent avoir été des jambières. Au côté gauche du corps se trouvait une épée de bronze renfermée dans un fourreau de bois. En outre, sur la droite du défunt se trouvait une boîte de 30 centimètres environ, en bois assemblé avec de l'osier et munie de son couvercle; cette boîte en renfermait une autre plus petite, sans couvercle, dans laquelle on trouva un bonnet haut en étoffe tissée et cousue dont la forme est à peu près celle du bonnet persan, un petit peigne et un petit couteau-rasoir qui, avec l'épée, nous donne la date réelle du monument. Enfin cet ancien guerrier, avant d'être placé dans sa tombe, avait été enveloppé dans une peau de bœuf.

Toutes ces précautions indiquaient un personnage de haute marque, puisque, nous le verrons plus tard, l'ensevelissement était une exception à l'époque du bronze; les cadavres subissaient alors la crémation.

CHAPITRE III

LES ORNEMENTS ET LES BIJOUX

Les premiers ornements. — Le tatouage. — La coiffure. — Bracelets et colliers. — Fibules et épingles. — Matériaux travaillés en bijoux. — L'ambre et les métaux précieux. — Le trésor de Priam.

Si l'on a pu établir qu'en se couvrant de vêtements l'homme n'obéit qu'à un besoin, non à un sentiment, par contre il faut constater partout la même tendance au sujet de l'ornementation de sa personne. Si bas placé qu'il soit dans l'échelle des hommes, le sauvage qui se barbouille de couleurs diverses, qui se transperce les lèvres ou les oreilles pour y planter d'énormes morceaux de bois ou de grossiers coquillages, qui se traverse le nez avec une arête de poisson ou un anneau d'or; cet être misérable obéit à un sentiment confus de la beauté, se lance dans l'idéal qui tourmente les natures même les plus grossières. Aussi n'est-il pas surprenant de rencontrer, jusque dans les fouilles qui nous reportent aux époques les plus reculées, un contingent considérable d'objets ayant servi à la parure.

Les dents d'animaux, soit à cause de leur forme, soit comme souvenir des succès remportés à la chasse, les dents humaines comme trophées de victoire, souvent des os provenant de l'oreille d'un animal, tels sont les premiers éléments de la parure humaine. Puis ce furent des coquillages bien vulgaires sans doute, mais précieux à cause de leur provenance étrangère, des morceaux de pierres d'aspect et de formes diverses, le tout percé de trous dans lesquels passait le tendon de renne qui servait à enfiler ces primitifs bijoux. Pour rehausser l'éclat de leur beauté, les élégants d'alors se tatouaient absolument comme nos sauvages modernes, comme les ouvriers de beaucoup de corporations.

Des couleurs variées empruntées à diverses substances minérales ont été retrouvées toutes prêtes à servir et accompagnées des instruments servant à leur préparation. C'était tantôt de l'oligiste rouge, de la sanguine, du manganèse, du cinabre, tantôt de la limonite, du graphite, de l'hématite ou des ocres diverses qui servaient à cet usage. D'ailleurs, les doutes, s'il en restait, tomberaient en présence d'une gravure récemment découverte qui représente la main et le bras d'un homme portant un dessin quadrillé qui ne peut que représenter un tatouage.

Les ornements que l'homme primitif aimait à prodiguer sur sa personne se rencontraient jusque sur ses vêtements. Des fouilles ont mis à jour des individus évidemment surpris dans leur demeure souterraine par un éboulement subit; or, tout le long du squelette, aux places correspondant aux bras, aux jambes et à la taille, on a recueilli des coquilles exotiques percées pour être fixées après un vêtement. A Baoussé-Roussé, près de Menton, un de ces individus portait tout un collier, et sur sa tête un véritable réseau formé de nérites.

Par ce fait, on voit donc que la coiffure était, dès les temps les plus anciens, l'objet d'un soin particulier. C'est ce qui nous est confirmé plus tard par les objets de toilette provenant des grottes de la Madelaine et de leurs contemporaines.

Ainsi qu'une mine inépuisable, les palafittes nous ont fourni de nombreuses épingles à cheveux en os. Quand vient l'époque du bronze, ces épingles prennent une taille plus grande, elles sont plus ornées; quelques-unes sont pourvues d'une contre-tête pour les empêcher de glisser;

elles peuvent même être considérées comme des bijoux, et, en certains cas, comme des armes, tant leurs dimensions sont énormes.

Elles semblent, à l'époque du bronze suisse, avoir une corrélation avec certains croissants en terre cuite, assez abondants sur plusieurs points. Considérés successivement comme des objets religieux ou comme servant de faîte à diverses constructions, l'on a aujourd'hui une tendance marquée à croire qu'ils étaient tout simplement des chevets, analogues à ceux en usage dans l'extrême Orient et dans certaines peuplades africaines, sur lesquels on reposait la tête. Leur élévation permettait de ménager l'édifice d'une coiffure artistement arrangée dans laquelle figuraient les grandes épingles qui signalent les époques du bronze et du fer.

En même temps que les épingles, les fibules ou agrafes formant ressort étaient prodiguées pour la toilette sous forme d'agrafes de manteau et de boucles d'oreilles ; l'époque du fer nous en a laissé des quantités considérables, principalement en bronze. Nous passons sous silence tous les autres objets de toilette, pinces, ciseaux, racloirs, boutons, pendeloques, etc., qui nous sont parvenus.

Quant aux bracelets et aux colliers, il faut renoncer à les énumérer. Tout ce qui, par son éclat, par la rareté de la matière, par la bizarrerie de la forme, semblait devoir attirer l'attention, était mis à contribution. C'est ainsi seulement qu'on peut expliquer la présence simultanée de bracelets et de colliers en coquillages, en ambre, en ivoire, en jadéite, dont le mérite ne répond pas au travail qui distingue, dans les mêmes fouilles, des objets souvent remarquables.

En général, il y a lieu d'être étonné du cachet vraiment artistique par lequel se signalent de nombreux bijoux appartenant à l'âge du bronze. Le sentiment du beau qui animait déjà les fabricants de ces époques reculées est plus accentué encore au moment où s'ouvre l'époque du fer. En examinant dans les collections les exemplaires nombreux et variés de la bijouterie de ces temps reculés,

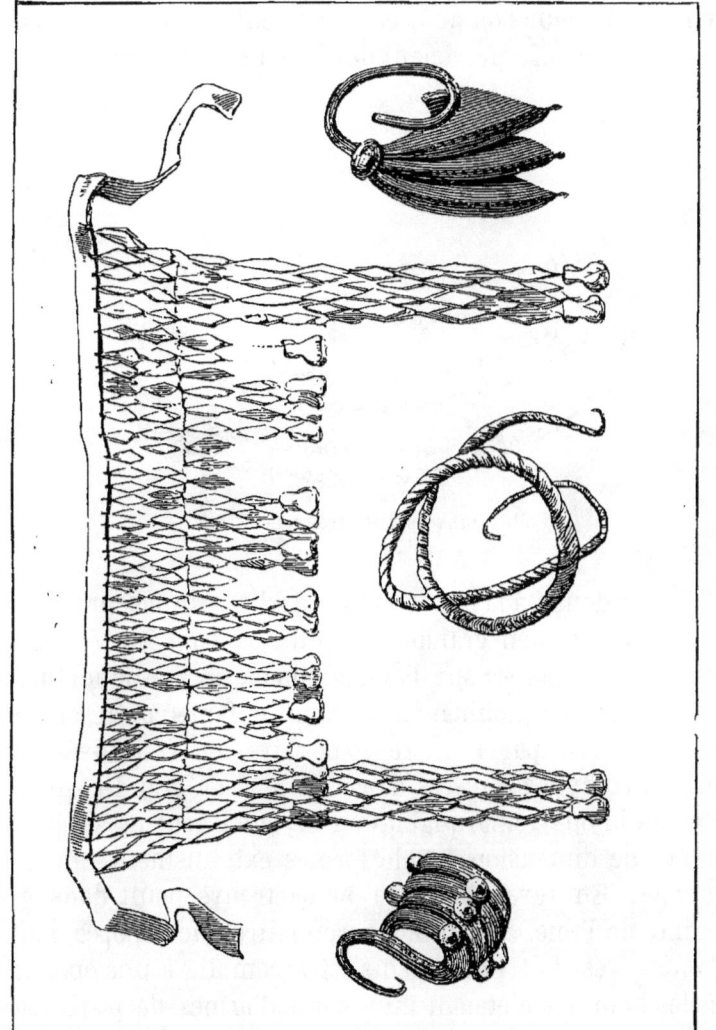

Bijoux provenant du trésor de Priam.

on constate qu'une grande partie est exécutée avec des métaux précieux, que l'or a été connu de bonne heure, très certainement même avant le fer, et qu'aujourd'hui encore il y aurait profit pour nos bijoutiers modernes, malgré tout leur bon goût et leur talent, à aller consulter plus d'un modèle provenant des âges préhistoriques.

Collier provenant du trésor de Priam.

Ce qui donne à la connaissance de l'or par les premiers hommes une bien grande antiquité, ce sont les résultats des fouilles opérées sur l'emplacement de l'antique Ilion par le docteur Schliemann. Dans le fameux trésor de Priam, décrit par Homère et positivement retrouvé par lui, on compte des pièces d'orfèvrerie et de grandes quantités de bijoux remarquables en or, en argent et en électrum, de dimensions et de formes extrêmement remarquables. En revanche le fer ne se trouve point dans les fouilles de Troie, et l'on doit reconnaître que l'épopée dont Homère s'est fait l'historien s'est accomplie à une époque où les hommes n'étaient munis que d'armes de pierre ou de bronze. Il est donc permis de conclure de ces faits que les métaux précieux, l'or et l'argent, d'une extraction en effet plus facile que le fer, ont été connus tout d'abord et leur malléabilité mise à profit par les artisans des âges préhistoriques.

CINQUIÈME PARTIE

L'ARMEMENT

I. — L'ATTAQUE

CHAPITRE I

LES PREMIÈRES ARMES

La première arme fut un caillou. — L'homme des cavernes s'armait de mâchoires d'animaux. — Samson. — Les quatre types de pierres taillées : l'acheuléen, le moustérien, le solutréen, le magdalénien.

Puisque (pour employer le langage des savants) la *combativité* est un des sentiments instinctifs de notre espèce, il n'est plus surprenant de voir que la première arme a dû être inventée dès que deux êtres humains se trouvèrent en présence. Quand les combattants eurent reconnu la puissance des coups portés avec la pierre qu'ils avaient ramassée sur le sol, ils essayèrent aussitôt de dominer leurs semblables par un plus grand déploiement de force, en leur inspirant la crainte née de la supériorité des armes.

A ce moment, sans doute, vint l'idée d'imiter les massues naturelles que donnait la forêt en accroissant par un manche, une poignée, la force de projection de la pierre. L'opération s'indiquait elle-même, et nous pouvons reconstituer aisément les premières massues de pierre fixées au bois par des liens de peau fraîche qui, en séchant, donnaient aux deux objets une très forte adhérence.

Un pas bien court restait à faire pour transformer cette arme informe en une hache redoutable. Ayant remarqué la plus grande gravité des blessures faites par les saillies, ayant vu avec quelle facilité les silex s'éclataient, il devint bien aisé de donner à la pierre qui armait le bâton une direction coupante.

En multipliant les produits de son industrie, l'homme les perfectionna, et bientôt il put attaquer directement les animaux dont il se nourrissait, au lieu de se borner à leur tendre des pièges. Néanmoins, tant que dura la période appelée paléolithique, les instruments de mort qu'il employait tant contre lui-même que contre les redoutables animaux dont nous avons parlé, n'étaient que de misérables engins dont les effets nous semblent, à nous, modernes, armés des plus puissants destructeurs, tout à fait en disproportion avec les résultats qu'il en tirait et sur lesquels nous nous étendrons plus au long.

Aux pierres dont il s'armait l'homme primitif ajoutait des ossements d'animaux. Les radius et les cubitus taillés en pointe lui fournissaient de redoutables poignards; les tibias et les humérus, des massues meurtrières; de même la moitié de la mâchoire inférieure des grands animaux armée de ses molaires se transformait en casse-tête. Dans bien des cavernes ont été trouvées des mâchoires d'ours qui avaient été travaillées de façon à servir de poignée à la formidable canine qui caractérisait cette espèce éteinte.

En voyant de telles armes attester encore l'usage qui en était fait, on songe tout naturellement à Samson combattant les Philistins avec une mâchoire d'âne. Puisqu'il est acquis que les Hébreux, tout en connaissant les métaux, n'en avaient pas moins conservé généralement l'usage des instruments de pierre, il n'y a rien de surprenant à ce qu'un de leurs héros, invincible déjà par sa force, usât d'une arme en tout semblable à celles que d'autres peuples employaient peut-être, ou dont le souvenir n'était pas encore éloigné de la mémoire des hommes de ce temps.

Ainsi que nous l'avons vu précédemment, les silex laissés par les premiers hommes sont innombrables. Leurs formes, leur destination variaient à l'infini.

Il fallait établir un ordre pour se reconnaître dans une multitude si considérable d'objets disparates. On a d'abord essayé d'une chronologie toute minéralogique; mais la difficulté d'application à des découvertes souvent opposées l'une à l'autre y a fait renoncer. La classification paléontologique, c'est-à-dire fondée sur la contemporanéité des animaux, parfaite tant qu'il s'agit d'une même contrée, devient défectueuse en s'appliquant à un rayon étendu; la simultanéité d'existence ou d'extinction fait défaut, parfois à courte distance. Nous avons vu qu'il n'y a rien d'absolument exact dans la chronologie des âges de la pierre, du bronze et du fer; elle est une simple généralité.

C'est alors que M. de Mortillet, archéologue éminent et l'un de nos plus ardents chercheurs, proposa de dénommer les silex suivant le perfectionnement relatif du travail. Malgré la division qui subsiste encore entre les savants, cette dernière classification est la plus adoptée aujourd'hui, et elle a pour elle la consécration officielle, puisque c'est celle qu'on a suivie au musée de Saint-Germain.

Toutefois, comme il importe en ceci de ne point laisser naître de malentendus, nous devons déclarer que même cette classification n'a rien d'absolu au point de vue chronologique; à nos yeux elle peut caractériser des *types*, non des *époques*, et l'on ne peut affirmer que ces types se soient succédés d'une façon régulière. Au point où en est la science qui nous occupe, elle ne peut qu'aider, non fixer les recherches du savant.

Quoi qu'il en soit des désaccords sur ce point, on admet quatre types de pierres taillées de l'époque paléolithique, types empruntés tous aux gisements français qui ont fourni les plus remarquables échantillons du genre.

1° L'*acheuléen* doit son nom aux gisements quaternaires de Saint-Acheul, près Amiens, qui renferment les haches amygdaloïdes ou en forme d'amande. Ces instruments sont gros, faits de silex ou de quartzite, taillés à grands éclats, arrondis à la base, pointus au sommet. Leur volume fait supposer qu'ils étaient sans emmanchure et qu'ils se maniaient à la main.

2° Le *moustérien* dont les types les plus remarquables proviennent de la grotte du Moustier (Dordogne). L'industrie des grottes du Périgord donne des outils déjà variés, des racloirs, des poinçons, des pointes retaillées seulement sur une de leurs faces. Le travail s'est évidemment perfectionné; les armes pointues ou tranchantes sont moins massives, les faces et les contours plus réguliers. Les produits de cette époque se rencontrent sur des points variés d'aspect, indiquant que l'homme n'habitait déjà plus exclusivement les cavernes.

3° Le *solutréen* emprunte sa désignation à la fameuse station en plein air de Solutré, dans le département de Saône-et-Loire. Le type qui caractérise l'industrie d'alors c'est la forme en feuille de laurier. La taille a deux caractères distincts : la taille à petits éclats réguliers pour les pièces soignées, et la taille à grands éclats indiquant de la part de l'ouvrier une fermeté de main, une certitude de coup d'œil remarquable, une connaissance approfondie de la matière travaillée. A cette époque apparaissent des bouts de flèche à pédoncule et à cran latéral.

4° Le *magdalénien*, qui est le type le mieux travaillé de l'époque des cavernes, est plus abondant encore en objets de toute sorte : la pierre est appliquée à une foule d'usages, et non seulement la pierre, mais l'os, la corne de cerf et de renne. Les spécimens de cette époque sont fréquemment couverts de dessins, d'essais de gravure dont certains témoignent d'un réel sentiment artistique chez leurs auteurs.

Quant à la période néolithique ou de la pierre polie, les classificateurs ne lui assignent qu'un seul type désigné sous le nom de robenhausien, emprunté à la station lacustre de Robenhausen, sur le lac de Pfeffikon, dans le canton de Zurich; c'est la plus importante de celles qu'on a étudiées. Elle indique l'époque du grand développement des palafittes. Les armes, les outils, sont en roches diverses, d'un travail soigné, d'un polissage remarquable.

Les métaux succèdent à ces âges déjà industrieux, et leur importance est telle qu'il convient de les traiter à part.

CHAPITRE II

ARMES DE JET ET DE TRAIT; DE HAST ET DE MAIN

La fronde. — L'arc et la flèche. — Flèches ordinaires; flèches empoisonnées; types divers. — Javelots, harpons, lances. — Haches, casse-tête, massues. — Couteaux, poignards, dagues, épées. — Hallebardes.

De toutes les armes destinées à être lancées au loin, la plus simple sans contredit est la fronde, qui fut elle-même un perfectionnement de la pierre lancée avec la main. La fronde fut, est encore l'arme de tous les peuples primitifs, celle que les combattants pouvaient le plus aisément se procurer ou renouveler.

Il est hors de doute qu'une grande quantité de pierres rondes, polies soit par le roulement des eaux, soit par le travail de l'homme, et qu'on voit si abondantes dans les collections, sont des pierres de fronde; sur certains points, plutôt ateliers que lieux d'habitation, on les ramasse par brouettées.

Quant à la fronde elle-même, elle devait, selon toute vraisemblance, se composer originairement d'une lanière taillée dans la peau fraîche d'un animal tué à la chasse. Peut-être n'était-elle qu'un simple bâton fendu, à l'extrémité duquel on insérait de faibles projectiles.

Si nous sommes réduits à des conjectures pour l'époque paléolithique, en revanche nous savons qu'à l'époque du bronze la fronde était en usage et qu'elle se composait, comme celle des Nouveaux-Zélandais et des Néo-Calédoniens, d'une corde nattée formant au milieu une poche dans laquelle se plaçait la pierre à lancer. Ce détail intéressant nous a été révélé par un dragage fait à Cartaillod, dans le lac de Neuchâtel, en Suisse, où fut recueillie une fronde remontant, selon toutes les probabilités, à l'époque du bronze dans les cités lacustres. Comme pour les tissus, pour la paille, pour les grains et les fruits, la carbonisation et la tourbe combinées nous ont conservé cette curieuse relique.

Si l'on est d'accord pour donner la fronde comme première arme aux hommes des âges passés, en revanche les savants ne sont pas du même avis au sujet de l'arc et de la flèche. Les uns veulent que cette arme ait été connue de tous temps; les autres objectent avec quelque raison que la construction d'une arme si complexe, si habilement comprise, ne pouvait être que le résultat de la réflexion, le fait d'une civilisation déjà esquissée.

Ils rappellent, non sans autorité, que chez les Australiens et chez les Maoris cet engin de guerre est inconnu. Il faut donc que les communications des peuples entre eux aient propagé l'usage d'une telle arme; elle n'a pu être le produit du hasard; elle n'est pas une arme toute naturelle, puisque les Australiens l'ignorent, eux qui sont si bas placés dans l'échelle des êtres intelligents, et que les Maoris de la Nouvelle-Zélande, race douée de larges facultés intellectuelles, l'ignorent également.

Nous ferons aussi remarquer qu'il ne se rencontre nulle part de traces de flèches parmi les monuments appartenant aux types de Saint-Acheul et du Moustier. C'est au type solutréen qu'appartiennent les premiers débris de silex taillés dans lesquels on ait pu reconnaître des pointes de flèches.

Néanmoins, par deux motifs, nous ne prétendons pas absolument que l'arc et la flèche étaient inconnus avant cette époque. Tous les chercheurs savent combien sont rares les reliques en bois qui nous parviennent des temps préhistoriques. Les plus anciennes qu'on connaisse ne dépassent guère l'âge du bronze, et nous arrivent dans un tel état de décomposition que la plupart tombent en poussière dès qu'on y touche, ou bien se déforment d'une façon complète au moindre contact avec l'air. Il n'y a donc

Flèches de peuplades africaines se rapprochant des flèches de l'âge de pierre.

aucune chance de retrouver, s'il en existe, les arcs des époques antérieures au type solutréen. En second lieu, rien ne nous garantit que les flèches de ces temps éloignés, si l'on en faisait usage, n'étaient pas armées d'un os pointu, d'une dent, d'une arête de poisson ou même simplement formée d'une baguette aiguisée par le frottement contre une pierre.

Quoi qu'il en soit, les lacs suisses, et aussi d'autres stations lacustres, nous ont donné des arcs qui sont tous en bois d'if.

L'ARMEMENT

Nulle part la flèche elle-même n'a pu être retrouvée entière. Mais on a trouvé, appartenant à toutes les époques, des quantités prodigieuses de flèches en silex taillé qui montrent à quel point était général l'usage de cette arme aussitôt qu'elle a été connue.

Les types en sont nombreux et méritent l'attention, tant

Pointes de flèche en os et en bois de renne (époque de la Madelaine).

par leur variété que par leurs formes évidemment appropriées à divers usages, et dénotant chez ceux qui s'en servaient une connaissance approfondie de toutes les règles et de tous les effets du tir.

Depuis la forme simplement carrée mais coupante sur tous les côtés, on en distingue qui sont taillées en losange, en triangles égaux ou allongées, en amande, en feuille de laurier, en fer de lance; ces diverses formes sont en outre soit échancrées à la base, soit pourvues d'ailerons ou d'une simple *soie* (petite hampe), soit même munies d'une soie et d'ailerons. Quelques-unes, plus curieuses encore, sont taillées à angle droit et présentent un bord transversal coupant comme un ciseau de menuisier. On en trouve la réminiscence dans ces flèches au fer façonné en croissant plus ou moins évasé qui, entre les mains de certaines peuplades du centre de l'Afrique, occasionnent d'épouvantables blessures.

Toutes, sans exception, indiquent un travail entendu de la pierre. Il en est d'une exécution si parfaite que l'on ne conçoit guère leur fabrication sans le secours d'un instrument de métal. Ce sont surtout celles qui datent de l'âge de la pierre polie : leur délicatesse est telle qu'on s'est demandé si l'on n'avait pas devant soi quelque bijou de l'époque plutôt qu'une arme destinée à ne servir souvent qu'une fois. En effet, quelques-unes de ces jolies flèches n'ont pas plus de sept à huit millimètres de longueur et sont d'un travail excessivement soigné.

Grâce à leurs vertus préservatrices, les tourbières d'Irlande et de Suisse ont conservé des fragments de flèches encore adhérents à la pointe qui les armait. On a pu se rendre ainsi un compte parfaitement exact de la manière dont on les fixait à la hampe. Dans une fente pratiquée à l'extrémité du bois on insérait le silex taillé ; il était maintenu en place et solidement fixé au moyen de tendons, de lanières en cuir frais ou de liens en lin ; l'ensemble était consolidé par un enduit de bitume dont il existe encore des morceaux après certains spécimens.

Les flèches des temps préhistoriques n'étaient pas toutes pourvues de saillies des deux côtés : on en connaît de fabriquées en os n'ayant qu'une seule barbelure, afin d'en rendre la pénétration plus facile tout en produisant une forte blessure. La Suisse en a fourni un grand nombre façonnées d'une manière bien simple, mais qui devaient occasionner de bien cruelles blessures : elles étaient faites d'un long fragment de corne de cerf, un peu arqué, finement pointu aux deux bouts, fixé à l'extrémité de la hampe par du bitume et une ligature comme les pointes en silex. L'extrémité postérieure que la cambrure écartait de cette hampe formait ainsi une barbe redoutable.

D'autres semblaient, par leur forme spéciale, avoir une

destination particulière qui n'a pas encore été reconnue. L'extrémité était en bois de renne et la pointe en était quadrangulaire, absolument comme le carreau des archers du moyen âge. D'autres enfin, prises dans des esquilles d'os, portent des rainures et des creux qui pourraient bien avoir servi à contenir du poison.

Les javelots, dont l'usage semble avoir été moins répandu que celui de l'arc et des flèches, étaient armés d'une façon absolument semblable. Pour nous guider sur ce point nous n'avons, il faut le dire, que les différences de taille qui distinguent les pointes de flèches d'avec les pointes de javelots.

On est mieux fixé sur les harpons, qui faisaient partie importante de l'armement des hommes à l'époque de la Made'aine. Nous en possédons de très nombreux, tous ou presque tous en bois de renne et en os : ils portent soit deux, soit trois et même quatre barbelures sur un côté, et plus souvent sur les deux côtés à la fois. Presque toujours, ainsi que le pratiquent encore les Esquimaux actuels, cette arme portait à sa base un léger bourrelet afin de la maintenir légèrement dans sa hampe. Lorsque l'animal était frappé, un mouvement particulier imprimé par le chasseur détachait la pointe du manche et la laissait dans la blessure, qui s'aggravait par les efforts de la victime pour se débarrasser de l'arme.

Dès l'époque du Moustier nous trouvons des lances en silex dont la blessure devait être terrible. Puis l'os, la corne, le bois concourent avec la pierre à former ces engins destructifs. De même qu'on remarque un travail bien plus soigné sur les flèches de Solutré, de même les lances deviennent plus habilement faites, sont taillées avec un art bien plus grand. Des types de Solutré parvenus jusqu'à nous ont jusqu'à 35 centimètres de longueur, ce qui constitue des pièces d'une grande rareté, dont l'exécution devait présenter de grandes difficultés. C'est surtout parmi les spécimens recueillis dans les tourbières du Danemark que se trouvent les plus remarquables œuvres des tailleurs de silex; on rencontre, provenant de cette contrée, des morceaux d'une régularité de forme, de taille, qui font l'étonnement général. On reconnaît, en les voyant, que le guerrier avait l'orgueil de ses armes,

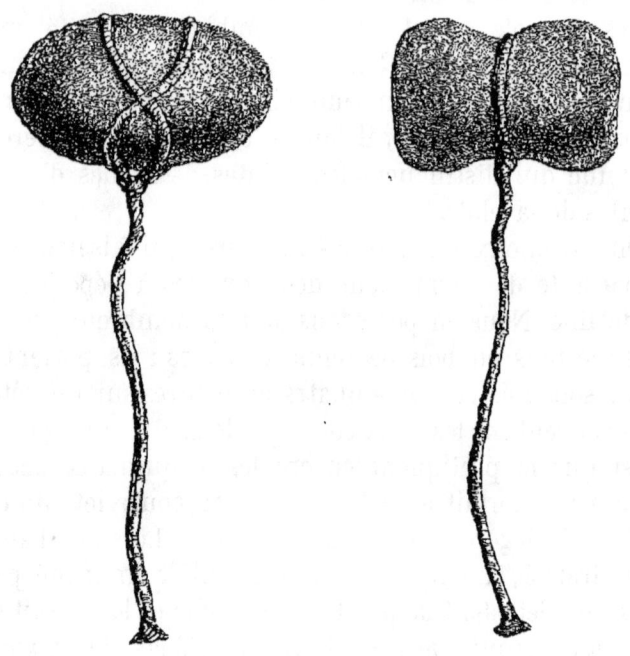

Casse-tête.

qu'il y attachait un prix très élevé. Ce sentiment existait aussi évidemment chez les ancêtres des Gaulois, car beaucoup des types appartenant à la Madelaine nous montrent des pointes de lances, de harpons et même de flèches qui sont ornées de rayures, de lignes et de cercles qui sont un témoignage des soins que le guerrier ou le chasseur donnait à son arsenal de mort.

La hache était l'instrument dominant des temps préhistoriques. D'abord maniée à la main, comme l'indiquent les types massifs de Saint-Acheul, elle nous prouve combien d'efforts étaient nécessaires pour produire le moindre travail industriel. Aussi insuffisamment nantis, les hommes de cette époque n'auraient pu subvenir à leurs besoins sans le secours du feu, qui devait servir alors plus encore que la hache à mettre à bas les arbres dont ils voulaient le bois. Car, ne l'oublions pas, la hache fut un outil industriel au moins autant qu'une arme de combat ou de chasse.

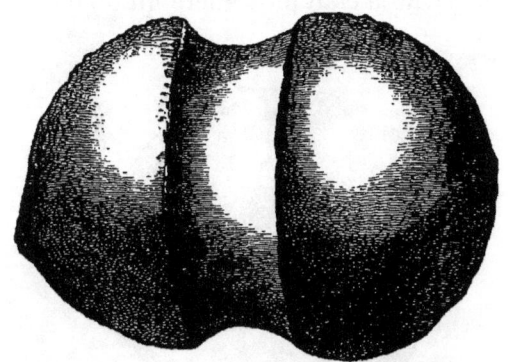

Pierre de casse-tête.

C'est ce qui explique la diversité de leurs tailles à toutes les époques.

Déjà perfectionné, le type du Moustier fut bientôt dépassé par le type de Solutré, qui nous a laissé des instruments déjà si puissants que l'on a pu exécuter des travaux de bûcheron et de charpentier d'une importance réelle avec le seul secours de pareils outils. Elles étaient ordinairement assez petites; leur taille variait de 5 à 18 centimètres de long et le coupant avait de 5 à 8 centimètres de largeur. Les plus anciennes, polies ou simplement taillées, affectaient la forme d'un coin ou d'une poire très aplatie, à faces légèrement convexes, à sommet comprimé, tantôt assez large et tantôt terminée en pointe.

Par leurs dimensions, celles du Danemark sortent de la règle générale; on en voit qui ont jusqu'à 33 centimètres de longueur. Les monuments funéraires de la Bretagne en ont fourni de plus grandes encore; le musée de Saint-

Germain en possède une de cette provenance qui n'a pas moins de 50 centimètres de long; mais en raison du peu de dureté de la pierre qui la compose (du schiste) l'on peut se demander si ce n'était pas plutôt un monument votif.

A l'époque de la pierre polie, les formes varièrent beaucoup; elles se multiplièrent encore à l'époque du bronze. A ce moment la hache n'était plus guère qu'un outil conformé

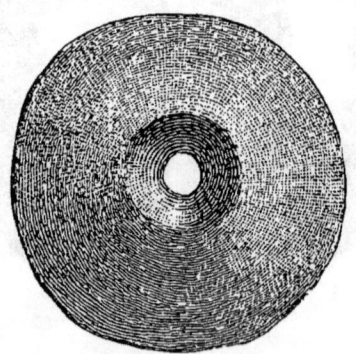

Caillou rond pour casse-tête.

d'une manière remarquable selon sa destination. Quelques-unes, appartenant au type robenhausien, sont de véritables marteaux dont l'autre bout sert d'instrument tranchant; d'autres sont à double tranchant et sont devenues la francisque des Gaulois; certaines avaient des formes que l'on retrouve encore fidèlement reproduites dans l'outillage des forgerons de nos jours.

Plus primitif que la hache était le casse-tête; sa destination était unique, il ne pouvait servir qu'à la guerre; tout au plus le chasseur l'employait-il pour assommer l'animal arrêté dans sa course.

Quant à sa forme, elle varie beaucoup. Les collections nous en montrent qui sont composés d'une simple pierre cylindrique où l'on avait pratiqué une légère gorge. Une lanière de cuir enroulée autour de la pierre et tenue à la main servait à manœuvrer l'arme. D'autres fois, tout comme à Tahiti et dans d'autres îles, c'était une pierre en forme d'olive retenue par un lien formant un 8 ou bien enfermée dans une solide poche en corde tressée. Souvent aussi, le casse-tête se composait d'une pierre ayant un

Casse-tête de la Nouvelle-Calédonie.

trou central dans lequel on fixait un bâton. Pour cet usage on choisissait les géodes naturelles; si les géodes faisaient défaut, le guerrier se résignait à trouer un caillou au moyen d'une autre pierre et de sable, travail long et difficile imposé par la nécessité.

Les humérus et les tibias des animaux étaient souvent employés au même usage. Lorsqu'il n'était ni en os ni en pierre, le casse-tête devait être en bois. Ici nous ne pouvons juger que par analogie, les instruments de bois faisant presque défaut par les causes que nous avons dites. Il est fort probable qu'ils se composaient de branches de bois dur formant un angle naturel qu'on utilisait en l'appointant à la façon des Océaniens.

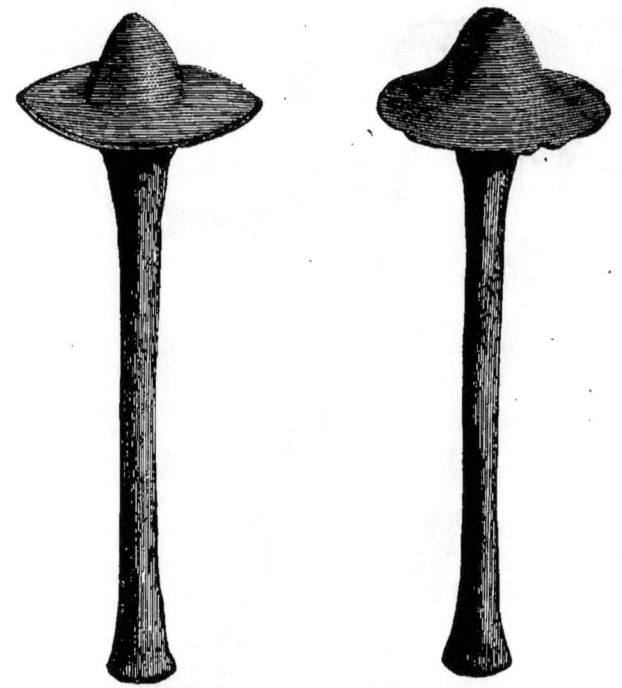

Casse-tête de la Nouvelle-Calédonie.

La massue avait une grande ressemblance avec le casse-tête, avec cette différence que la massue, plus lourde, plus volumineuse et plus longue, se maniait à deux mains.

Les palafittes suisses et l'Écosse nous en ont conservé quelques-unes; elles sont en bois d'if, un peu cintrées; leur extrémité se termine par une partie cylindrique dans laquelle sont creusées de profondes rainures qui font de ce côté une série de renflements destinés à rendre l'arme plus meurtrière.

Nous avons vu déjà que les cubitus et les radius des grands animaux devenaient entre les mains des premiers hommes de redoutables poignards; il en était de même des côtes de renne, de cerf et de celles que leurs proportions permettaient d'employer. Elles étaient usées sur une

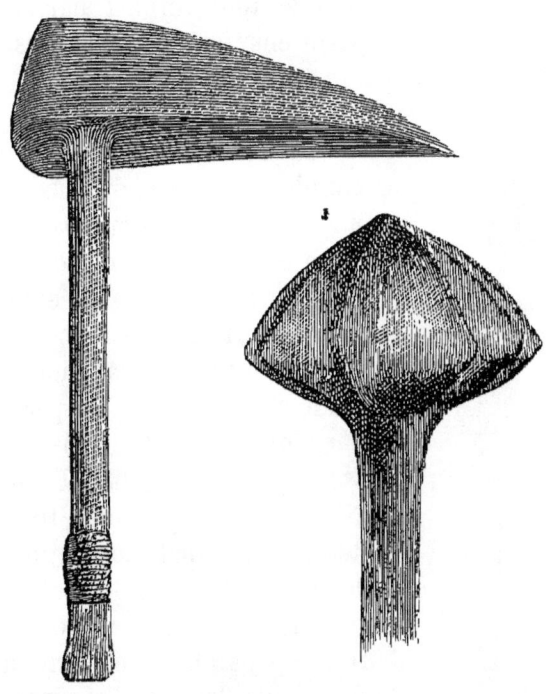

Casse-tête.

pierre et formaient une lame véritablement dangereuse. Quand on sut assez bien travailler la pierre pour obtenir des pièces plus longues que les flèches et plus délicates que les haches, on utilisa la dureté du silex et l'on en fabriqua des poignards. Le Danemark a fourni à toutes les collections d'Europe des pièces étonnantes qui témoignent hautement de l'adresse des primitifs tailleurs de pierre.

C'est surtout dans les produits du type de la Madelaine que l'on rencontre les plus curieux échantillons de ce genre. Tous les amateurs connaissent ces merveilleux manches de poignard qui proviennent des grottes du Périgord et de l'Aquitaine. Des andouillers de cerf ont été transformés en poignards, et la tête de l'andouiller est ornée de sculptures représentant des rennes, des ours, des mammouths. Par ces quelques pièces se dévoile tout un art naissant qui disparut ensuite par des causes qu'on ignore, et dont il ne reste nulle trace à l'époque ultérieure de la pierre polie.

Les dagues ne se distinguaient des poignards que par des dimensions plus grandes, et les premiers Danois semblent en avoir eu le monopole.

Les épées sont plus rares, et les quelques-unes qui ont été rencontrées ne répondent nullement à l'idée qu'on pourrait s'en faire par l'aspect d'une épée en métal. Dans certains tumuli écossais, en Espagne, dans l'Amérique du Nord, au Mexique, on a trouvé des dents de requin de l'époque jurassique et des éclats de silex ou d'obsidienne taillés en cette forme, déposés sur deux rangs parallèles et formant une double ligne longue d'environ deux pieds. Ici l'on est réduit à des suppositions ; mais il est probable que c'étaient les restes d'épées semblables à celles que possèdent encore plusieurs peuplades océaniennes. Ces dents et ces éclats avaient dû être fixés le long d'une lame en bois et maintenus dans une rainure au moyen de liens et d'un corps agglutinatif, bitume ou résine. Au Mexique, où les dents de requin étaient remplacées par des éclats extrêmement tran-

Massue en bois d'if provenant des palafittes.

chants d'obsidienne, les Espagnols eurent plus d'une fois, au moment de la conquête, occasion d'apprécier combien cette arme était redoutable et faisait de dangereuses blessures.

Les couteaux qui, à l'origine, ne furent que des éclats coupants des haches qu'on façonnait, prirent bientôt une importance considérable. Ils augmentèrent de taille en même temps que se multiplia leur emploi. Suivant leur destination, le tranchant était ou transversal, comme dans les ciseaux de menuisier, ou longitudinal. Dans ce dernier cas, la longueur de la lame ne dépassait guère celle d'un canif ordinaire. Certaines pièces hors ligne ont une longueur de 34 à 35 centimètres; mais ces pièces sont excessivement rares et doivent avoir été employées comme couteaux de chasse.

Cet instrument était toujours emmanché soit dans un os évidé, soit dans une gaine de bois où il était maintenu par le même mode de ligature que les flèches, les lances et les poignards.

On a bien trouvé quelques hallebardes, ou du moins quelques

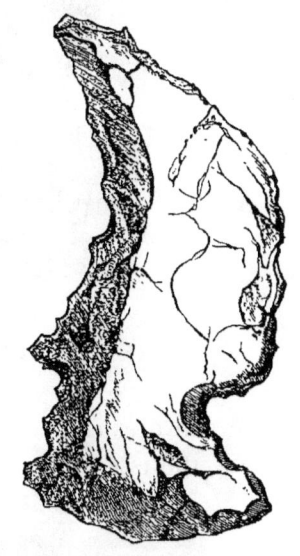

Couteau.

armes analogues, provenant de l'époque de la pierre; mais ces découvertes sont limitées à l'Amérique centrale, à quelques grottes du Yucatan. Néanmoins l'une d'elles est d'un travail tellement extraordinaire qu'on se demande par quels procédés elle a pu être exécutée. C'est un croissant aux trois quarts fermé, garni sur toute sa circonférence extérieure de sept dents également espacées; celle du milieu, allongée en forme de lance, est elle-même finement dentelée sur les bords.

Ce qui frappe surtout dans les découvertes de ce genre,

c'est l'identité de travail que nous constatons en Europe à la même époque. Aux deux extrémités du monde, à un

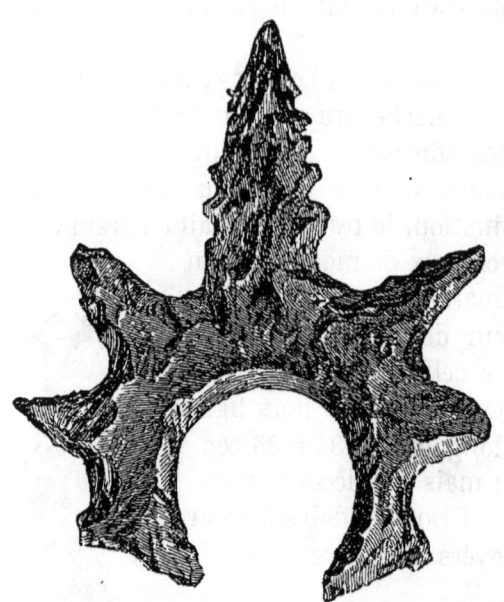

Hallebarde (Yucatan).

âge à peu près contemporain, les hommes pratiquaient la même industrie, se servaient des mêmes instruments;

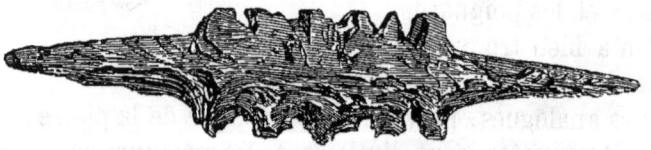

Instrument dentelé (Yucatan).

on pourrait presque ajouter qu'ils avaient les mêmes usages.

CHAPITRE III

MATÉRIAUX ET FABRICATION DES ARMES ET DES OUTILS

L'os. — La corne de renne et de cerf. — Les dents. — Les pierres indigènes et exotiques. — Les métaux. — Taille des silex par le feu et par le choc. — Taille à grands et à petits éclats. — Fabrication danoise. — Ateliers de fabrication. — Leur nombre et leur importance. — Amas de débris de fabrication. — Polissage de la pierre. — Emmanchement des haches. — Outils : scies, doloires, gouges, ciseaux, poinçons, grattoirs.

La matière première des monuments laissés par l'homme primitif fut d'abord aussi peu variée que leur forme et leur destination. Le silex, pour la France, le Danemark, l'Europe méridionale et une grande partie de l'Europe du Nord, fournit pendant longtemps aux besoins de nos ancêtres. Les plus anciens monuments des âges primitifs sont là pour nous l'attester. Au fur et à mesure que le goût des populations se modifia ou que les difficultés de l'existence s'aggravèrent, de nouveaux instruments s'inventèrent, des matériaux nouveaux s'employèrent.

Les canines encore insérées dans la mâchoire de l'animal ou travaillées grossièrement furent longtemps employées concurremment à la pierre la plus grossièrement taillée.

L'os, dont l'abondance et la fabrication facile devait cependant faire un produit appréciable, ne fut en usage qu'après la pierre. On peut dire d'une façon générale que tout corps dur susceptible de tailler, de frapper ou de couper fut mis à contribution.

Sans pouvoir établir l'époque précise à laquelle chaque corps vint prendre sa place, trouver son emploi dans l'industrie naissante de l'homme, nous savons toutefois que les instruments en os et en corne de cerf ou de renne apparurent à l'époque dite de la Madelaine.

A partir de ce moment, l'industrie, encore incertaine, prit un essor, une direction qu'on suit presque pas à pas à travers les siècles. Les matériaux employés jusque-là, au lieu d'être exclusivement indigènes, varient d'origine; les meilleurs furent recherchés et apportés de loin; en un mot, l'on constate parfaitement, mais sans pouvoir préciser par quelle voie, l'arrivée dans nos pays de pierres orientales, de coquillages appartenant aux mers chaudes; des échanges eurent lieu, et c'est par eux que fut d'abord introduit le bronze, transmis de l'Orient à nos contrées, ensuite le fer.

C'est ainsi, pour ne citer que la pierre, que nous voyons le silex, l'agate, le jaspe, le quartz, l'obsidienne, servir de matériaux pour les bouts de flèche et de lance, les couteaux, les scies et en général pour tous les instruments à pointes aiguës, à vives arêtes. Ces espèces minérales, bien que très dures, se laissent aisément diviser en éclats minces et tranchants.

Les haches, les coins, les marteaux étaient de préférence taillés dans les jades, les diorites, les porphyres, les basaltes, toutes roches offrant une forte résistance à la pression.

Mais les hommes d'autrefois n'avaient pas toujours sous la main les matériaux les mieux appropriés à l'objet qu'ils voulaient obtenir. C'est donc par suite de communications, de relations entre les peuplades, qu'ils ont pu, dès les âges reculés, apprécier la supériorité d'instruments fabriqués avec des matières différentes de celles qu'ils avaient à leur disposition : de là un échange, soit d'objets fabriqués, soit des matériaux eux-mêmes.

Nous avons des preuves abondantes de cet état de choses, et nous ne pouvons mieux faire que de recourir aux recherches si bien condensées par M. de Nadaillac dans son bel ouvrage : *les Premiers Hommes*.

Tandis que les hommes de Namur et de Liège employaient la pierre, ils venaient chercher en Champagne et dans le Midi le silex et la calcédoine qui leur convenaien et les taillaient chez eux différemment que dans le pays d'origine, et l'on a trouvé près de Bruxelles des haches en jade de provenance orientale. Les vieux Helvétiens venaient aussi chercher en France leurs meilleurs silex ; ils employaient le corail de la Méditerranée et l'ambre de la Baltique ; on croit même qu'ils tiraient de l'Orient la néphrite dont se composent certaines haches recueillies dans les stations lacustres. Des pointes de flèches en cristal de roche noyées au même endroit n'avaient pu venir que du Valais ou des Pyrénées ; on y a même trouvé une huître appartenant à la faune de l'Océan Indien et de la mer Rouge.

Dans diverses grottes du centre ont été reconnues des coquilles vivant soit dans l'Océan, soit dans la Méditerranée. Menton a donné des ornements en coquilles océaniennes, tandis qu'à Gourdan on en trouvait de méditerranéennes. A Laugerie-Basse, dans la Dordogne, ont été retrouvés des exemplaires d'une espèce fossile spéciale aux couches éocènes de l'île de Wight.

La Bretagne se signale par le grand nombre de silex étrangers qu'on y rencontre. Le Maine, la Haute-Vienne et la Lozère provoquent la même observation.

Les produits du Grand-Pressigny, un des centres de fabrication les plus importants de la pierre, ont été retrouvés dans le lit de la Seine, près de Bordeaux, sur les bords de la Meuse et jusque dans les îles Shetland. L'obsidienne, dont on ne connaît de gisements qu'en Hongrie et au Mexique, a fourni la matière d'instruments rencontrés en Lorraine, dans l'île de Pianosa, le long des côtes d'Italie et dans les Cyclades.

L'Europe n'a pas eu le privilège de ces incontestables relations commerciales, puisque dans les tumuli de l'Ohio

(États-Unis) on trouve réunis à la fois des coquilles de la mer du Mexique, du Pacifique et de l'Atlantique, du cuivre du lac Supérieur, du mica des monts Alleghanys et de l'obsidienne du Mexique.

Nous savons aussi que les métaux, dont la connaissance nous est évidemment venue d'Orient, ont été pendant longtemps associés à la pierre; que dans le nouveau monde et dans certaines parties de l'Europe septentrionale, ainsi qu'en Sibérie, il y eut un âge de cuivre avant l'âge du bronze; que l'alliage du bronze fut connu des peuples de l'Europe centrale dès l'introduction de ce métal, qui fut à son tour remplacé par le fer, et nous en traiterons plus au long dans le chapitre suivant.

Maintenant que nous connaissons la nature et la provenance des matériaux employés par l'homme primitif, nous allons voir par quels procédés il les façonnait. Grâce à l'ensemble des recherches, à la logique de l'induction, grâce aussi à la sagacité des archéologues, on a pu reconstituer de toutes pièces l'art industriel de la première humanité.

De même que, dans la classification des époques préhistoriques, nous n'avons mentionné que pour mémoire la période de Thenay, de même nous ne mentionnerons que pour ne pas être accusé d'omission la taille du silex par le feu, considérée par les partisans de cette époque comme un de ses caractères distinctifs. Cependant il n'est pas exact d'appeler taille les angles plus ou moins aigus qui désignent les silex de Thenay, et beaucoup même des adeptes de l'homme tertiaire les désignent sous le nom de silex *éclatés* par le feu; cette distinction est d'autant plus nécessaire qu'il est difficile de reconnaître une forme tant soit peu précise à ces fameux silex, produit probable de quelque incendie de la forêt au milieu de laquelle ils gisaient.

Il en est tout autrement de la taille par éclats. Si rudimentaire que soit ce travail, si informe que soit l'objet de l'époque acheuléenne, la plus ancienne de toutes, il est impossible de méconnaître l'action de la main humaine, l'intention plus ou moins bien rendue d'un être intelligent.

Les procédés que pouvaient avoir à leur disposition les tailleurs de silex ont longtemps préoccupé les savants. A force d'études on a fini par reconnaître quelques lois dont il était facile de faire une application rétrospective. On s'est assuré qu'en frappant avec un marteau arrondi la surface plate d'un silex, on produit une cassure en forme de cône toujours en rapport avec la taille du marteau employé. La cassure se propage dans le silex en divergeant autour du point central du cône; quelques coups appliqués suffisent pour détacher les éclats de la masse. Si l'on porte le coup à l'angle du silex, la cassure est d'abord semi-conoïdale; mais elle devient bientôt plate, et il est facile de la continuer sur une longueur relativement considérable et d'obtenir ainsi une lame ayant une section transversale triangulaire.

Ces principes nous prouvent que les tailleurs de silex acheuléens ne connaissaient que la première façon d'attaquer la pierre; les silex solutréens et les magdaléniens indiquent la connaissance du second procédé, qu'on employait concurremment au premier.

En effet, la taille rudimentaire des premiers ne leur permettait la production que de grossiers instruments; les autres se distinguent, ainsi que nous l'avons souvent déjà dit, par un travail délicat, recherché, indiquant une entente parfaite des effets de la taille.

Les uns comme les autres se servaient, en guise de marteau, d'un second caillou avec lequel ils frappaient. L'importance de cet outil ayant été reconnue, on choisit ensuite les pierres les plus appropriées, les plus faciles à tenir entre les doigts, celles dont la forme permettait un travail plus régulier. Les musées en contiennent de très grandes quantités; elles sont désignées sous le nom de percuteurs, et beaucoup d'entre elles attestent un long service. Autant que possible on les choisissait rondes ou ovales et déprimées sur les côtés.

Il est aisé de comprendre que l'instrument n'arrivait pas du premier coup à la forme désirée. Au début de cette industrie primitive, le hasard décidait seul de la destination future du silex travaillé; suivant les chances de la cassure il devenait hache, couteau, flèche ou grattoir. Les petits éclats étaient employés à armer les flèches, si leur forme le permettait; les plus longs se transformaient en couteaux.

Quand les nécessités de la vie, en exigeant des formes nouvelles, eurent fait connaître de quelle façon les diverses pierres se comportaient sous le choc, l'industrie de nos pères fut complète en son genre : tailler la pierre devint une profession dont nous pouvons aujourd'hui reproduire à peu de chose près, toutes les opérations.

Les hommes remarquèrent de bonne heure que le silex, pris dans son eau de carrière, se taillait avec une bien plus grande facilité. Cette propriété tient à la nature de la silice transparente, d'une teinte imitant la corne, facilement soluble dans l'eau, tandis que la silice blanche est inattaquable par ce liquide. Ils commençaient par débarrasser le silex de son enveloppe rugueuse, puis on le débitait en éclats aussi longs que possible en l'attaquant par les angles. Après cette ébauche, il était soumis à une taille en recherche qui était poussée plus ou moins loin, suivant le talent de l'ouvrier, et on l'amenait peu à peu à la forme voulue, jusqu'à produire ces merveilles de délicatesse admirées par tous les visiteurs de nos collections.

Cette perfection se remarque surtout dans la fabrication danoise. Là nous voyons des objets d'une exécution dépassant tout ce qu'on peut imaginer : des formes élégantes, régulières, des instruments taillés par éclats ayant à peine 2 millimètres, et si parfaitement symétriques qu'on est tenté de les prendre pour ces chefs-d'œuvre par lesquels se distinguèrent depuis les compagnons de certaines maîtrises.

Comme pour se jouer des difficultés, l'artiste (car on peut lui donner ce nom) s'est complu à tracer des nervures, des rondes-bosses, des saillies, rien que par le procédé de la taille à petits éclats. Pour obtenir des pièces si remarquables, qui sont d'ailleurs contemporaines de la pierre polie, il est à présumer que l'on procédait par contre-coup, c'est-à-dire que le tailleur de silex détachait les éclats à l'aide d'un ciseau sur la tête duquel frappait le percuteur. C'est à cet usage que servaient ces sortes de burins en pierre à large tête de clou qui figurent dans des musées.

On s'est demandé aussi par quelle cause on trouvait fréquemment des amas considérables d'éclats informes ne paraissant avoir aucune destination précise, et l'on a reconnu qu'ils étaient la réponse à l'une des plus curieuses questions touchant l'industrie préhistorique.

On avait remarqué que le travail acheuléen, ainsi que celui du Moustier, semblaient l'œuvre individuelle de chacun; la grossièreté du travail indique quelques connaissances sommaires faciles à acquérir et suffisantes à des hommes nomades pour la plupart. Leur arme venait-elle à se perdre ou à se briser, un caillou ramassé à leurs pieds et taillé en quelques coups suffisait à leurs besoins.

On constate dans le travail solutréen l'utilisation de la matière première au moyen d'un outillage spécial employé sur des points déterminés, les plus riches sans doute en matériaux utilisables.

Dans le travail magdalénien l'économie, pourrait-on dire, n'est plus la même; l'outillage n'est plus employé directement aux besoins de la vie, il n'est destiné qu'à faciliter et à perfectionner la fabrication des instruments usuels. La plus grande partie des outils en silex n'est plus employée qu'à travailler l'os. L'industrie du silex est reléguée au second plan au profit de l'industrie de l'os, qui atteint une incroyable perfection, et qui laisse voir que dès cette époque commence la division du travail, grâce à laquelle l'homme put assujettir la nature en centuplant ses forces. On est donc fondé à conclure qu'il existait des lieux spéciaux où l'on travaillait le silex, d'autres où la corne et l'os étaient traités.

Toute autre interprétation semble impossible en présence des quantités prodigieuses de silex taillés amassés en certains endroits que, pour cette raison, l'on a nommé des ateliers.

Un des plus célèbres se trouve situé au Grand-Pressigny, dans le département d'Indre-et-Loire. On y rencontre des silex ouvrés, que les gens du pays appellent *livres de beurre*, à cause de leur forme caractéristique. Le Poitou offre des spécimens analogues. Près des rives de la Saône, à Charbonnières, département de Saône-et-Loire, on cite un atelier de près d'un kilomètre de long, où les amoncellements sont si nombreux qu'on les peut comparer à un empierrement de route. Près de Toul, celui de la Treiche, couvre une surface de cinquante hectares. Au bois du Rocher, à Rochebertier, à Bouarne, en pleines Landes, à Escalles, à Marettes, à la Châtre, près de Vendôme et de Clamecy, l'on en voit d'autres, faible partie de la liste qui s'augmente chaque jour.

Il en est de même dans tous les pays où l'on a pu constater l'existence d'un âge préhistorique. L'Angleterre, la Belgique, le Danemark, la Suisse, l'Espagne, l'Italie, Rome même, possèdent des ateliers où l'on travaillait particulièrement la pierre, l'os et les bois de cervidés. On en trouve en plein pays des Samoyèdes, aussi en Algérie, en plein Sahara, en Tunisie, dans l'Égypte, dans la Palestine, dans l'État du Wisconsin aux États-Unis.

Chose digne de remarque, ces stations plus nombreuses qu'on ne pense, en Algérie et dans le Sahara, sont toutes situées auprès des puits fréquentés par les caravanes actuelles : on peut dire ainsi que les mêmes eaux qui ont abreuvé les pères abreuvent encore les fils ; on en peut conclure aussi que depuis le dessèchement qui a fait de cette mer une immense contrée de sable, le Sahara n'a subi aucune perturbation géologique.

Quant aux amas considérables de débris résultant de cette fabrication, ils prouvent l'importance même de cette fabrication. Ils sont, eux aussi, la preuve d'un fait qu'on a voulu mettre en doute : l'existence de sociétés rudimentaires, c'est vrai, mais résultant à coup sûr d'agglomérations dont on cherche en vain à nier l'existence dès les premiers âges de l'humanité.

Ainsi que nous l'avons dit précédemment, l'usage exclusif de la pierre polie ne semble pas avoir duré longtemps ; il fut bientôt associé à l'usage du bronze, et alors nous remarquons l'emploi de la pierre limité à la confection des haches et des instruments destinés à frapper pesamment.

La fabrication n'est plus la même ; nous le savons par les ébauches, à différents degrés, retrouvées dans les fouilles de toute nature. A cette époque l'on commençait par donner à la masse pierreuse une première forme grossière au moyen de la scie en silex : quand les angles étaient abattus, d'autres traits de scie, poussés parallèlement, formaient des bandes qu'il était aisé d'enlever par quelques coups de marteau. Ainsi dégrossi, l'objet était amené à sa forme définitive par la taille à petits éclats ; enfin il était soumis à l'action du polissoir.

On nomme ainsi des blocs de grès d'un poids et d'une taille souvent considérables, qui servaient à polir les haches, à aiguiser et à appointer les instruments. Les profondes et nombreuses entailles que portent certains d'eux attestent leurs longs services ; ceux du Grand-Pressigny sont surtout connus et caractérisés par les sillons réguliers, de diverses largeurs, qui couvrent leur surface. Ces polissoirs ne se rencontrent pas partout, et l'on a pu constater que l'on apportait parfois de contrées qui en manquaient les instruments simplement taillés pour les achever dans ces ateliers spéciaux.

Indépendamment de ces blocs considérables, qu'on pourrait appeler matériel fixe, l'usage s'était répandu pour chacun, vers l'époque de la Madelaine, de posséder des polissoirs de petite dimension qu'on portait au cou suspendus par un cordon. Le chasseur dans ses courses, le guerrier dans ses expéditions, avait ainsi constamment sous la main la possibilité de raviver la pointe de ses flèches, le tranchant de son poignard, absolument comme nos faucheurs portent sur eux la pierre indispensable au bon fonctionnement de leur faux. D'autres enfin ne sont que de simples cailloux durs portant des stries dont la finesse indique qu'ils étaient consacrés au polissage des aiguilles, des épingles d'os ou de bois de cerf et des menus objets.

Une fois taillé et poli, la hache ou l'instrument devait encore subir l'importante opération de l'emmanchement. Les menus objets étaient introduits dans des os d'oiseaux ou d'animaux; les couteaux, dans un éclat de bois, ou mieux dans quelque tibia ou quelque humérus dont la tête avait été enlevée par la scie de silex.

Les patientes investigations des archéologues nous ont appris les modes successivement employés pour la hache, depuis les temps les plus reculés. Primitivement fixée au moyen de liens de peau fraîche dans une branche fendue, la hache, au fur et à mesure que se perfectionnait sa fabrication, fut moins grossièrement armée. On l'insérait dans un trou pratiqué dans une branche noueuse; d'autres fois on parvenait à creuser autour du sommet une sorte de sillon; une branche solide et flexible à la fois l'entourait alors comme un collier. Mais le mode le plus fréquemment adopté, surtout par les habitants des palafittes, fut d'insérer le petit côté de l'arme dans une tête d'andouiller de cerf. On modifia ensuite cette manière en plaçant la hache dans un cylindre de bois de cerf qui était lui-même enfermé dans la masse d'un nœud rugueux. D'autres fois le cylindre en corne de cervidé (renne ou cerf) était percé de part en part, et le manche de bois passé au travers transformait l'appareil presque en un marteau. Dans un cas comme dans l'autre, l'adhérence était obtenue simplement au moyen de bitume, qui suffisait pour maintenir l'ensemble. On fut longtemps, extrêmement longtemps, avant de perforer l'arme elle-même pour y enfoncer son manche; et ce n'est pas le moindre sujet d'étonnement pour le chercheur, que de découvrir comment les hommes de la pierre polie, qui nous ont laissé ces merveilles de travail, s'y prenaient pour percer des pierres aussi dures, sans le secours d'aucun instrument de métal.

Les pièces inachevées que nous possédons ont particulièrement exercé la sagacité des savants. Jusqu'ici l'on n'a pu expliquer d'une façon satisfaisante par quel procédé s'obtenait le trou en forme de double cône renversé dans lequel passait le manche. On vit bien, par l'examen de quelques pièces, que l'on attaquait la pierre des deux côtés, de façon à se faire rencontrer l'axe des deux orifices; mais on remarqua dans les pièces inachevées un noyau en saillie entouré par un sillon profond, et l'on ne put s'expliquer la cause d'un tel effet. Des tentatives entreprises par des géologues firent croire qu'on employait un bâton de sureau animé d'un constant mouvement de rotation et arrosé de grès humide; on reconnut bientôt que si les débuts semblaient promettre un résultat, le grès, amassé dans le sillon qui se creusait, finissait par annuler l'action de l'instrument. Jusqu'ici le problème est resté sans solution. Toutefois l'on émettait récemment l'idée que la perforation pouvait avoir lieu au moyen d'un bâtonnet portant, solidement fixés sur les côtés, deux petits silex pointus, et figurant à peu près le trépan qui sert au forage des puits de sondage; la rotation dont ils étaient animés produisait le sillon au centre duquel se trouvait le noyau, de même que se trouve au milieu du trépan le témoin qu'on ramène au jour.

Une grande analogie existait évidemment dans la fabrication des outils de moindre importance, désignés sous les noms de scies, de doloires, de gouges, de ciseaux, de poinçons ou de grattoirs.

La scie ne se fabriquait que par la taille; on produisait des dents aussi régulières que possible, et l'on fixait au moyen de bitume, dans un morceau de bois, la pierre ainsi préparée. On se trouvait ainsi en possession d'un instrument que les scies à main de nos marbriers rappellent assez exactement. Le Danemark a fourni tous les musées du monde de scies en silex taillées en forme de croissant, et dont la finesse d'exécution dépasse toutes les prévisions.

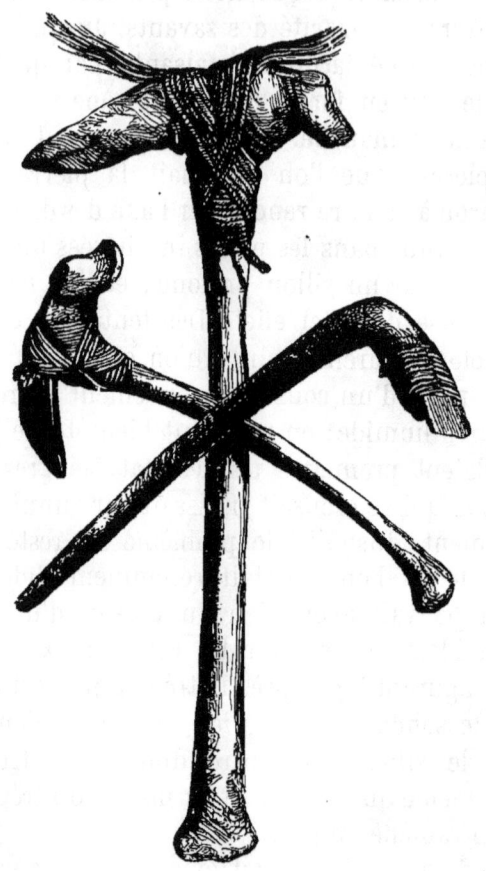

Herminettes et doloires de pierre (Océan Pacifique).

On a pu recueillir également des outils de pierre polie qui devaient évidemment s'emmancher, comme les doloires de pierre de Taïti, sur une branche formant un angle aigu, et, comme elles, servir au même usage.

Les gouges et les ciseaux, en os ou en corne de cerf pour les matériaux tendres, en pierre pour les plus résistants, s'obtenaient par une taille difficultueuse et un polissage subséquent sur une saillie du polissoir.

Quant aux poinçons, leur fabrication était bien simple. Quand le hasard ou la patience de l'ouvrier avait produit un éclat de silex suffisamment acéré, on en faisait un perçoir en tenant la partie massive dans la main, ou, si le volume de la pièce ne le permettait pas, en emmanchant le petit éclat dans un os où il était maintenu par du bitume. La confection des poinçons en os ou en corne s'explique d'elle-même. Celle des grattoirs était plus simple encore. C'était le rebut des éclats dont la forme s'adaptait à cet usage; en quelques coups de percuteur l'ouvrier rectifiait les imparfaits et leur donnait la forme cintrée qu'ils affectent tous.

CHAPITRE IV

LES ARMES EN MÉTAL

Découverte des métaux. — L'âge du cuivre en Amérique. — L'âge du bronze en Europe. — Une fonderie de bronze aux temps préhistoriques. — Rareté du bronze. — L'âge du fer. — Un haut fourneau à l'âge du fer. — Alliance du bronze et du fer.

Sans la découverte des métaux, l'homme serait encore à l'état sauvage. Toute paradoxale qu'elle semble, cette pensée est aussi vraie que profonde. Sans le métal, pas de charrue, pas d'instruments pour les sciences, pas d'imprimerie, pas de machines industrielles. Notre civilisation tout entière, dont nous sommes si fiers, se rattache fatalement au métal par voie directe ou indirecte.

Mais à quand remonte cette importante découverte, c'est ce que la science est impuissante à nous dire, malgré l'ardeur et la sagacité de ses adeptes. Nous en sommes réduits à constater que les premiers instruments de métal connus en Europe furent en bronze.

Il semblerait tout naturel de penser que le bronze, alliage de neuf parties de cuivre et d'une partie d'étain, devait avoir été connu à la suite de tâtonnements, et qu'on trouverait nécessairement des instruments soit en cuivre pur, soit en étain pur ou de composition variée. Il n'en est rien, et aucune trouvaille n'a mis à jour un seul instrument d'étain; à peine a-t-on pu reconnaître quelques haches en cuivre pur, en trop petite quantité pour les rattacher à une période industrielle quelconque.

Jusqu'ici l'on est forcé de considérer l'introduction de ce métal en Europe comme le résultat d'une invasion arienne et de lui assigner, par conséquent, une origine orientale.

Il n'en a pas été ainsi dans l'Amérique du Nord, où l'on peut suivre les traces d'un âge de cuivre d'une longue durée, précédant l'emploi du bronze. Tandis que les peuplades du centre de l'Amérique employaient déjà le bronze, que quelques-unes avaient même des pointes de flèches et de lances en fer qu'elles tiraient de masses de fer natif, les Américains du Nord, ainsi que nous l'attestent leurs monuments, employaient le cuivre pur qui abonde près du lac Supérieur et l'appliquaient à tous leurs besoins.

On a retrouvé, enfouis sous les couches successives de longues végétations, des vestiges nombreux et importants des mines autrefois exploitées par eux. Dans l'une d'elles on a retiré jusqu'à dix charretées de maillets et de marteaux de pierre, d'instruments et d'outils en cuivre qu'une cause ignorée avait fait abandonner par leurs propriétaires. Comme pour affirmer la richesse de ces mines, se trouvait au même endroit une masse de cuivre natif pesant six tonnes et reposant sur un support de chêne que l'eau avait conservé.

Les objets fabriqués avec ce cuivre n'étaient point fondus, ils étaient martelés et progressivement amenés par le battage à la forme qu'on désirait leur donner. Les Indiens de ces âges surent arriver à une civilisation remarquable avant d'avoir la connaissance du fer; nous avons aujourd'hui la certitude que les imposants monuments des anciens Péruviens et des anciens Mexicains furent exécutés sans autre secours que celui d'outils de pierre, de cuivre ou de bois.

Dans l'Europe, déjà victime des invasions ariennes, s'était introduit, à des époques diverses, l'usage du bronze, qu'on retrouve successivement en Suisse, en Danemark, en Écosse, en France, en Italie, partout enfin. De tous côtés on ramène au jour les épées, les dagues, les haches, les épingles à cheveux, les fibules, les torques, les bracelets, des ornements et des outils de tous genres qui se substituèrent aux instruments de pierre, de corne ou d'os employés jusque-là.

On remarque notamment que toutes les poignées d'épées ou de dagues sont courtes et ne laissent de place que pour une main beaucoup plus petite que celle des hommes d'aujourd'hui; ce qui permet aux anthropologistes de conclure que les hommes de cette époque avaient une main plus étroite et plus allongée.

Malgré la diversité des lieux où se font les découvertes de ce genre, on signale une extrême analogie de formes entre les objets des provenances les plus diverses, comme s'il y avait eu synchronisme dans l'apparition du bronze sur les divers points de l'Europe. Et pourtant nous savons pertinemment qu'il n'en fut pas ainsi. La cause peut en être attribuée à la difficulté d'un travail encore nouveau exigeant l'emploi de procédés coûteux ou peu à la portée du vulgaire.

En effet, on est assuré qu'au début de son apparition le bronze était rare et regardé comme précieux : il était exclusivement réservé aux objets de petite dimension et aux ornements de la toilette; les riches pouvaient seuls en faire usage. Cette interprétation résulte encore de découvertes de haches et d'autres objets des premiers temps du bronze, dans lesquels les parties massives sont garnies d'un remplissage en terre glaise comme pour économiser le métal.

La persistance de l'emploi de la pierre en même temps que du bronze, le travail d'ornements soigné dont étaient décorés ces objets dès leur apparition, l'espace considérable qui semble séparer ces premiers produits de l'époque où ils deviennent plus abondants, tout semble indiquer que les armes de bronze les plus anciennes proviennent de guerriers renommés ou de personnages influents par leur richesse, tandis que la masse de la population restait encore armée de pierres. Homère nous apprend que Priam renfermait dans son trésor les armes de bronze.

Il en devait être ainsi à cause même de la provenance de l'étain nécessaire à la fabrication du bronze. Si les gisements de cuivre se trouvaient un peu partout et si les premiers hommes ont connu de bonne heure l'art de traiter le minerai, en revanche ils n'avaient point l'étain à leur portée.

Jusques à ces temps derniers on était convaincu que tout l'étain employé à l'époque du bronze ne pouvait provenir que de la Cornouaille, en Angleterre. De longues polémiques sur ce sujet ont divisé les archéologues. Arguant des talents nautiques et commerciaux des Phéniciens, interprétant les auteurs dans les récits qu'ils prêtent aux voyageurs antiques, plusieurs voulaient que les Phéniciens allassent chercher l'étain soit en Espagne, où il n'y en a jamais eu d'exploité, soit dans les Cornouailles. De là, suivant eux, ils le transmettaient par mer jusqu'aux Danois. Selon d'autres, les Bretons qui, eux aussi, étaient des navigateurs audacieux, puisaient l'étain dans les Cornouailles et, de chez eux, le transmettaient par la voie de terre au centre de l'Europe, voire même aux Phéniciens, qui le prenaient à leur colonie de Marseille et le dispersaient ensuite autour de la Méditerranée.

Malheureusement pour les faiseurs de systèmes, la navigation ne pouvait, à cet âge reculé, prétendre à des entreprises semblables. Ils oubliaient que le Danemark, où le bronze parut un des premiers, pouvait fort bien avoir puisé son étain dans les mines de Saxe, qui furent sans doute connues des hommes des premiers âges. De plus, on a retrouvé dans le Limousin et la Marche, sur plusieurs points de la Bretagne, de nombreuses traces d'antiques exploitations d'étain qui fournissaient probablement aux besoins des régions de l'ouest et du centre.

Si tout l'étain de l'âge du bronze provenait du commerce phénicien, auquel certains écrivains accordent des comptoirs jusque dans la Norwège, par quelle voie a donc pu arriver le métal nécessaire à la fabrication de ces curieux objets de bronze trouvés par Radloff, vers 1872, au nord extrême de la Sibérie, sur les rives du Iénisséï?

Il semblerait qu'un malicieux hasard se soit plu à détruire, par la découverte de poignards, de haches, de couteaux, de ciseaux, d'un mors de bride en bronze, non seulement les inexactitudes que nous citions tout à l'heure, mais jusqu'au système géologique qui veut espacer chaque changement de notre globe par des milliers de siècles. Or il est bien prouvé que la Sibérie du nord a connu un âge du bronze ; par conséquent les hommes de cette époque pouvaient se procurer l'étain nécessaire à la fabrication de cet alliage. Il est tout naturel de croire qu'ils le tiraient de la Sibérie même, qui possède les mines de Nertchiusk.

En outre, les objets dont nous parlons sont d'un travail élégant et soigné, attestant une civilisation plus avancée que celle des palafittes suisses. Enfin (et c'est là qu'est la malice du hasard), ces objets portent comme ornements des figures d'animaux, entre autres du mammouth, qui vraisemblablement vivait sous les yeux du fondeur.

Il faut donc conclure de ce qui précède qu'une population intelligente et d'une civilisation avancée occupait, peut-être antérieurement aux hommes du bronze de l'Europe, ces pays que le froid a rendus déserts depuis cette époque. Où sont donc alors les amoncellements de siècles déclarés nécessaires par le transformisme pour changer l'aspect de toute une partie de notre planète ?

Mais si la fabrication du bronze ne fut que tardivement connue en Europe, en revanche nous constatons une parfaite identité de procédés partout où il fut employé. Les haches que l'on retrouve en grand nombre rappellent d'abord les procédés de la pierre : elles sont fondues de façon à insérer la tête dans une mortaise du manche ; plus tard elles affectent deux formes spéciales : elles sont à ailerons et ensuite à douille creuse ; les unes comme les autres sont pourvues d'un œillet destiné à maintenir l'emmanchure.

Les premières se fixaient dans leur mortaise à l'aide de liens entrelacés, mais leur puissance devait être fort limitée.

Les secondes, formées d'une lame de bronze, étaient pourvues de deux ailerons sur chaque côté et d'un œillet sur le devant de l'arme; le sommet de la lame était introduit dans la fente d'un manche coudé et les ailerons rabattus de chaque côté sur le bois; des liens allant de l'œillet à la naissance du coude du manche fixaient l'outil; pour empêcher que la fente n'augmentât par l'usage, deux barettes placées au bas des ailerons formaient un point d'arrêt.

Les haches à douille creuse étaient également armées d'un manche coudé qui s'enfonçait dans la cavité préparée; comme dans les précédentes, des liens passés dans l'œillet la fixaient solidement.

Un atelier de fondeur trouvé dans la tourbe de la Somme, de nombreux moules recueillis en Suisse, en Écosse, en Danemark, en France, etc., nous initient aux procédés de l'époque.

Déjà les moules se composaient de deux pièces s'emboîtant parfaitement au moyen de goujons; ils étaient en argile, à laquelle le coulage communiquait une demi-cuisson; rarement ils pouvaient servir une seconde fois. C'est dans des moules de ce genre qu'étaient fondues les épées, les dagues et les haches. En sortant du moule, les objets fondus étaient soumis au polissage, qui se pratiquait sur des blocs de molasse. L'ornementation du bronze ne tarda pas à prendre un essor proportionné à la propagation de ce métal. Si nous voyons les objets les plus anciens ornés sobrement par suite de l'impuissance de faire mieux, non par indifférence, nous constatons en revanche un luxe d'ornementation remarquable en pleine période du bronze. L'élégance des formes, l'abondance des ornements, leur décoration indiquent le désir de briller; on en arrive jusqu'à couvrir le bronze d'incrustations en étain. Les procédés particuliers à ce travail ne nous sont pas parvenus.

On pourra juger de l'importance et de la durée de cette époque par ce fait que, dans son superbe ouvrage sur les recherches de la métallurgie en France, M. Chantre, faisant le relevé des gisements appartenant au bronze, tant en Suisse qu'en France, peut en compter jusqu'à 363, parmi lesquels 67 fonderies, le tout ayant fourni 32,418 objets témoignant de l'industrie de cette époque.

De même que la connaissance du bronze fut le fruit d'une invasion orientale, de même le fer nous fut connu à la suite d'événements semblables. Les données précises nous font défaut à ce sujet, bien qu'il s'agisse d'une époque bien plus rapprochée de nous. Tout ce qu'on peut dire, c'est que les plus anciens monuments connus de l'apparition du fer nous ont été fournis par les fameuses tombes de Hallstadt, près de Salzbourg, en Autriche. Une riche colonie étrangère, attirée sans doute par les mines de sel, s'était établie là, au milieu de peuples de l'âge du bronze : elle avait apporté avec elle ses procédés, ses talents, ses matériaux. La première elle nous a laissé des traces du premier développement d'art antique dans lequel soit associé l'emploi du fer. Dans ces tombes ont été recueillis de l'ivoire d'Afrique, de l'ambre de la Baltique, de l'or de Transylvanie, du verre qui se retrouve presque toujours avec les primitifs monuments du fer, des vases luxueux en bronze et même en or, des colliers, des bracelets élégants faits de l'or le plus pur et des plus finement travaillés. Sur 6,000 objets recueillis, plus de la moitié étaient des objets de parure.

Presque à la même époque on peut retrouver la première apparition du fer sur divers points de l'Italie septentrionale.

En France, les premiers monuments de cette période sont les nombreux tumuli du Nord-Est, les cimetières de la Marne et les stations lacustres sises dans les Pyrénées.

Nous avons constaté une longue alliance de la pierre et du bronze, nous avons également à constater une période de transition pendant laquelle on associa l'usage du bronze et celui du fer. A ce moment on munissait l'épée de fer d'une poignée de bronze ou de bois fixée par des rivets en bronze.

Les archéologues distinguent deux époques au moment où apparaît le fer. La première se reconnaît à l'absence de l'argent et au manque de monnaie, ainsi qu'à l'alliance du bronze; l'écriture et la peinture semblent inconnues. La

Premier haut fourneau de l'âge de fer.

seconde voit paraître le verre, la poterie rouge faite au tour et cuite au four, les monnaies, lesquelles sont en bronze coulé, non frappé, et les figurines ou idoles en bronze.

Les lames d'épées ou de dagues sont identiques à celles du bronze; elles ne portent ni garde ni croisière; la plupart d'entre elles étaient munies d'un fourreau. Quelques-unes de ces pièces étaient si bien conservées dans les lacs, surtout celles qui étaient enfouies profondément, qu'on a pu les sortir entières de leur fourreau. La hache avait déjà la forme qu'elle a de nos jours; mais au lieu de recevoir un manche transversal comme aujourd'hui, elle recevait le sien dans une douille ronde ou carrée, par le même système que les haches de bronze.

Les instruments de tous genres se multiplient, et prennent des dimensions en rapport avec leurs usages multipliés et leur puissance d'effet plus considérable que celle des outils de bronze et de pierre. De divers côtés on découvre des mors qui établissent l'emploi habituel du cheval; on retrouve également les os de l'animal; nulle part on ne voit de traces de ferrure, ce qui prouve surabondamment que l'usage de ferrer les chevaux est postérieur aux premières époques du fer.

Comme pour le bronze, nous sommes en mesure de nous représenter les premiers forgerons de ces âges reculés.

Leur fourneau rudimentaire ne coûtait ni grande peine ni grand soin. Sur une pente convenablement exposée au vent ils creusaient au-dessous l'un de l'autre deux ou trois fossés parallèles reliés par une rigole partant du fond. Un feu vif était allumé dans le fossé supérieur; quand le sol était suffisamment échauffé, on plaçait le minerai, et pardessus un bûcher ardent. La fusion s'opérant, le métal s'écoulait par le fond dans le fossé inférieur, où, la même opération se répétant, on obtenait une sorte d'affinage très suffisant en raison de la richesse du minerai employé.

Telle était la méthode que nous ont révélée des traces retrouvées en Carinthie.

Sur d'autres points il y avait des progrès si réels que les

forges dites catalanes ne sont que la reproduction très peu perfectionnée des hauts fourneaux de cette époque; on a pu reconstituer fidèlement une de ces primitives usines.

On construisait en terre battue une butte dont l'intérieur était évidé en forme de four avec une large ouverture supérieure et une gueule pour la sortie et la surveillance du métal. C'étaient des pyrites et de riches minerais qui étaient traités par ces antiques forgerons. Par suite d'un progrès considérable, le combustible employé était du charbon de bois qui alternait par couches avec le minerai; le tout était introduit par le haut du fourneau, grâce à un double rang de degrés pratiqués sur ses flancs. Quand la fusion donnait quelque métal, le forgeron le recevait à la partie inférieure et le malaxait sur une enclume formée d'une pierre dure, puis il remettait cuire son fer dans le bas du fourneau.

Ces rustiques usines constituaient bien une industrie distincte, puisque l'on retrouve auprès de chacune d'elles les traces de l'habitation occupée par les travailleurs qui l'exploitaient.

Les forges primitives des peuplades africaines, composées d'un simple trou dans lequel viennent aboutir la buse de deux soufflets en peau de mouton, mus alternativement par les deux mains d'un souffleur, ne sont très probablement que la reproduction presque fidèle des antiques forges égyptiennes; celles-ci n'étaient elles-mêmes qu'une continuation de l'ancien outillage. Cette supposition est d'autant plus acceptable qu'on a reconnu bien souvent combien étaient rudimentaires les procédés que les Égyptiens employaient pour l'érection de leurs monuments les plus puissants ou les plus délicats.

Malgré leur civilisation très avancée, les Égyptiens avaient fait extrêmement peu pour le perfectionnement de leurs instruments; les œuvres si artistiques ou si remarquables qu'ils ont laissées sont dues à l'intelligence, à la valeur personnelle de l'ouvrier et nullement aux facilités que pouvait lui procurer son outillage.

II. — LA DÉFENSE

CHAPITRE V

LES CAMPS RETRANCHÉS; LES FORTIFICATIONS

Les camps dits *de César*. — Fortifications des temps préhistoriques, en Europe et en Amérique. — Choix de leur emplacement. — De nombreuses villes modernes sont assises sur leurs ruines.

Si le malheureux instinct de leur nature pousse les hommes à s'entre-détruire, l'instinct plus fort de leur conservation leur a en même temps suggéré que les armes seules étaient insuffisantes pour repousser les attaques de leurs ennemis. Ils surent, dès leur apparition sur la terre, choisir pour leur demeure des endroits d'accès difficile où ils trouvaient l'isolement nécessaire à leur sécurité.

Quand la nature n'avait pas fait suffisamment pour garantir l'accès de leur retraite, ils y suppléaient aussitôt. C'est ainsi que nous voyons les troglodytes défendre à leurs semblables et aux animaux l'accès de leurs cavernes avec des blocs de pierre. Ils avaient probablement déjà appris à en fortifier les approches par des amoncellements de pierres et des fossés.

Les invasions, qui eurent du moins le mérite de répandre partout la race humaine et de faire pénétrer chez les vaincus certaines connaissances utiles, rendirent plus nécessaires encore la protection que pouvait assurer aux possesseurs du sol un site d'accès difficile où ils pussent mettre à l'abri leurs familles et leurs biens. L'avantage de semblables positions fut vite compris, et les moyens de défense s'accrurent avec les moyens d'attaque.

Nous trouvons sur bien des points des traces de camps, de fortifications, de simples enclos. Si, comme le dit M. Bertrand dans son *Archéologie celtique et gauloise*, on veut éviter des termes trop ambitieux, « ces enceintes primitives pourraient bien être plus nombreuses qu'on ne le suppose, si, comme cela semble à peu près démontré, on doit restreindre considérablement le nombre des camps romains, c'est-à-dire des enceintes que l'on attribue uniformément à l'ère romaine. »

En effet, par suite d'une erreur qui s'est répandue avec une déplorable facilité et dont l'origine est dans l'engouement dont fut prise la première république pour les hommes et les choses de l'antiquité, alors que les esprits, insuffisamment éclairés, ne pouvaient discerner en ces questions, on se mit à appeler indistinctement « camp de César » ou « camp romain » tout vestige de castramétation ou d'autres travaux inconnus dont on ignorait l'origine certaine. Si bien qu'en moins d'un demi-siècle la France se trouva couverte de travaux attribués aux Romains et surtout à César.

Or, sur les 401 enceintes en terre que M. Bertrand signalait en France il y a déjà plusieurs années, 60 seulement peuvent être attribuées aux Gallo-Romains. Par contre, il serait difficile d'être affirmatif sur l'époque de la création de la plupart de ces travaux défensifs. On peut seulement certifier qu'ils couvrent le monde entier; mais les principaux d'entre eux ont été reconnus en Europe et en Amérique. Il suffira, dans une étude aussi sommaire que la nôtre, de parler de ceux dont l'authenticité est rendue moins contestable par leur état de conservation.

C'est le camp de Chassey, dans le département de Saône-et-Loire, qui semble le plus ancien de ceux que possède la France. Il est situé sur un plateau inégal, long d'environ

744 mètres et large de 110 à 205 mètres. Défendu naturellement au sud et à l'est par une barre de rochers, il l'est au nord-est et au sud-ouest par deux énormes retranchements construits en blocs de pierre avec un revêtement de terre. Occupé à des époques successives depuis la pierre polie jusqu'aux Mérovingiens, le sol a été profondément bouleversé et les débris les plus variés se trouvent confondus dans un complet anachronisme. Heureusement que quelques foyers ont été retrouvés intacts à côté du camp dont ils semblent avoir été une dépendance, et permettent de dater avec une quasi-certitude cette antique preuve de la vie de nos pères sur ce point.

A Catenoy, près de Liancourt (Oise), est un point dit « Camp de César », en forme de triangle long, dont la position inexpugnable a été complétée par le travail des hommes. Les outils de l'époque néolithique et les poteries grossières à pâte mélangée de coquilles concassées, indiquent bien une occupation fort antérieure aux Romains.

A Cambo (Basses-Pyrénées) on retrouve une longue suite de travaux allant jusqu'au fameux *Pas de Roland*, ce qui prouve que les hommes n'avaient pas attendu l'époque des grandes guerres de Charlemagne pour reconnaître la valeur de ces positions célèbres. Les travaux les plus anciens se retrouvent sur les points faibles.

Grèze, petit bourg de la Lozère, est un antique *castrum* cité par Grégoire de Tours et dans lequel les Gabales, réfugiés avec leurs familles, opposèrent pendant deux ans une formidable résistance à l'invasion des Vandales. On y a récolté de nombreux vestiges de l'époque néolithique.

Près du Hâvre, on a constaté l'existence d'un camp formé d'une double enceinte. Dans la zone centrale ont été recueillis de nombreux vestiges de la pierre taillée.

Le long des côtes de l'ancienne Ligurie se retrouve également tout un ensemble de travaux qui ont été repris et complétés à des époques ultérieures dans le but de s'opposer à l'envahissement du pays.

La Belgique, surtout dans la province de Namur, compte

plusieurs monuments de ce genre dont la description nous entraînerait trop loin. L'Angleterre, dont le camp de Cissbury fut le point de départ de ce genre de découvertes, l'Écosse, le Portugal nous fournissent également des preuves variées de fortifications remontant aux époques les plus anciennes des âges préhistoriques.

On peut les décrire d'une façon générale en disant que nos ancêtres choisissaient, autant que possible, une masse rocheuse formant presqu'île au-dessus d'une vallée abrupte. Ce rocher escarpé était garni sur son pourtour de grosses pierres brutes qui, en cas d'assaut, devenaient probablement des projectiles et constituaient une barricade plutôt qu'un mur équarri. L'isthme reliant le camp au plateau était coupé par un fossé profond creusé seulement dans la couche meuble, les moyens d'attaquer la roche étant encore inconnus.

En Amérique, où des monuments du même genre ont été reconnus, des dispositions analogues se retrouvent. L'enceinte de Bourneville, dans l'Ohio, a été la mieux étudiée de toutes. La colline a plus de 130 mètres de hauteur perpendiculaire; elle est remarquable par l'escarpement de ses côtes, et sur certains points elle est absolument inaccessible. Les défenses consistent en un mur qui entoure la colline un peu au-dessous du sommet, sur un parcours de près de 3,000 mètres. Ce qu'il en reste se compose d'une construction en pierre qui avait plus de 6 mètres d'épaisseur à la base et une hauteur moyenne de près de 3 mètres. Quelle est la date de cette construction? On l'ignore, puisque nous avons vu qu'il était fort difficile d'établir une chronologie des temps préhistoriques, surtout en Amérique, où les temps quaternaires ont commencé plus tard qu'en Europe; mais si l'on en doit juger par la végétation qui a successivement disparu et reparu en cet endroit, et qui peut seule servir de chronomètre, on peut accorder à ces travaux treize à quatorze cents ans d'existence, ce qui est énorme pour l'archéologie américaine.

L'ouvrage connu sous le nom de « Clark's Work »,

également situé dans l'Ohio, se distingue surtout par l'immensité des terrassements qu'il a nécessités.

Qu'il s'agisse de nos contrées ou de pays avec lesquels nos primitifs ancêtres n'avaient probablement aucune relation, on est partout frappé de la haute intelligence qui a présidé au choix des positions où se sont exécutés les travaux de défense. Ce choix est si parfait qu'après plusieurs siècles de complet abandon ces points ont été, à plusieurs reprises, adoptés en Amérique par les premiers colons Européens, pour y placer le centre de leur sécurité, de leur prospérité futures. C'est ainsi que Newarck, Porstmouth, Cincinnati, Francfort, Saint-Louis et d'autres encore, ont été bâtis sur l'emplacement même que les primitifs Indiens avaient également choisi pour se défendre.

En Europe, on pourrait citer également nombre d'endroits où les générations ultérieures ont fixé leurs destinées après que leurs plus anciens ancêtres y avaient abrité les leurs. Nous avons vu que les Gaules, pendant leur lutte contre l'invasion romaine, eurent des points extrêmement nombreux occupés par les armées romaines; leurs généraux les plus habiles, César en tête, choisirent presque toujours, pour se garder contre les retours offensifs, les positions que les hommes de la pierre avaient déjà jugées comme les meilleurs points stratégiques. Dans le grand nombre des stations, dont la fondation remonte aux temps préhistoriques, on en compte à peine quelques-unes où ne fussent pas réunies les deux plus indispensables conditions de toute bonne castramétation : la présence de l'eau et l'approvisionnement en bois.

CHAPITRE VI

UNIVERSALITÉ DES TRAVAUX DE DÉFENSE

Les fossés de Trajan, en Roumanie. — Les *nughari* de Sardaigne. — Les *burgs* d'Écosse. — Les forts vitrifiés : leur âge, leur mode de construction. — Les huttes fortifiées des cañons américains.

Comme pour confondre ceux des savants qui ont doctoralement déclaré que l'homme des temps préhistoriques n'avait occupé sur la terre qu'un petit nombre de points, presque chaque jour nous apporte des arguments nouveaux en faveur de la diffusion biblique des peuples. De tous côtés se retrouvent des traces d'un séjour remontant aux périodes les plus reculées; partout les outils de pierre, partout des travaux de défense se montrent comme pour proclamer hautement par leur analogie l'unité de l'espèce humaine et sa dispersion sur toute la terre.

Dans les régions brûlantes du sud de l'Afrique, entre le Vaal et le Zambèse, une race antique autrement civilisée que celle vaincue par les Boërs a laissé ses traces : sur plusieurs points du Transwaal se rencontrent des ruines importantes composées de murs construits en cubes de granit posés sans mortier; certains d'eux ont encore 10 mètres de hauteur sur une épaisseur de plus de 3 mètres à la base. A nos antipodes, en Australie, dans la Nouvelle-Zélande, on peut faire remonter l'existence de l'homme aux époques mystérieuses de l'ours ou du mammouth, à une époque antérieure aux grandes convulsions qui ont transformé en îles le continent océanien. Dans plusieurs îles du Pacifique, des monuments considérables attestent l'existence passée d'une race dont le souvenir n'est pas même venu jusqu'à leurs barbares descendants ; chez eux la tradition est morte ; quand elle existe, elle est limitée à des faits presque récents.

En revenant aux monuments défensifs de l'Europe, il nous faut citer les travaux reconnus sur la basse Vistule par M. Zaborowski, les *vallum* et les citadelles de terre qui existent dans la Roumanie.

Bien qu'ils soient désignés dans le pays sous le nom de « fossés de Trajan », ces vallum ont assurément précédé l'occupation romaine. Ils ont exigé des travaux considérables, puisque l'un d'eux coupe la Valachie parallèlement au Danube et va se perdre dans la Russie méridionale ; un autre, suivant une direction convergente à celle du premier, va traverser le nord de la Moldavie et de la Bessarabie.

Les citadelles de terre, appelées « cetati de pamentu » par les Roumains, sont échelonnées à petite distance l'une de l'autre et dominent les rivières torrentielles qui sillonnent la Roumanie. Ce sont des retranchements ronds ou ovales, entourés de larges fossés, dont la terre rejetée à l'intérieur formait le parapet. Ils étaient défendus par des palissades et des fascines qui toutes ont été détruites par le feu. Malgré l'habileté incontestable qui avait présidé à leur exécution, il convient de les considérer comme des ouvrages remontant aux époques de la pierre et du bronze, car les nombreux débris recueillis dans leur enceinte sont tous antérieurs à l'époque du fer.

Nous avons précédemment signalé les *nughari* qui couvrent le sol de l'île de Sardaigne. Ces tours coniques, tronquées, ouvertes, comprenant souvent plusieurs étages, n'étaient pas seulement des habitations ; elles étaient des refuges temporaires ; elles paraissent avoir été comme une citadelle autour de laquelle se groupaient les habitants, qui s'y renfermaient au moment du danger et les quittaient sitôt qu'il avait disparu. Il est assez difficile de leur attribuer un âge, malgré qu'Aristote et que Diodore de Sicile paraissent les attribuer à Iolas, qui vint coloniser l'île; mais on peut leur assigner deux époques à raison de leur mode de construction. Parmi ces tours, les unes sont d'une construction fort simple composée de pierres brutes; les matériaux des autres sont taillés et appareillés avec soin. Les premières sont des œuvres des temps préhistoriques, tandis que les secondes dateraient des deux ou trois premiers siècles de l'ère chrétienne.

On en peut dire autant des burgs écossais que nous avons aussi mentionnés, et dont la construction ressemble beaucoup à celle des nughari. Mais ici l'incertitude est plus grande encore, parce que l'on sait que les premiers Picts, prédécesseurs des Écossais, restèrent longtemps dans un état de profonde barbarie, et qu'il serait peu logique d'attribuer à des sauvages tout à fait grossiers des travaux exigeant des connaissances architecturales avancées. On sait aussi que ces burgs ont été occupés d'une manière assidue jusqu'au XIIe ou XIIIe siècle : il est par conséquent difficile de dire leurs auteurs, malgré les débris appartenant à l'âge de la pierre que l'on a rencontrés dans le sol environnant.

A l'Écosse également semblent appartenir plus spécialement ces curieuses fortifications dans lesquelles tout ou partie des pierres qui les forment ont été soumises à une chaleur intense et amenées à une sorte de vitrification. Signalées dès 1777, on a cru jusqu'en 1835 qu'elles étaient particulières à la Grande-Bretagne. A cette époque, le professeur Zippe découvrit des ruines semblables en Bohême. Depuis, on a reconnu les mêmes travaux en France, sur les bords du Rhin, en Danemark et en Norwège. C'était donc un mode de construction répandu dans une partie de l'Europe.

En Écosse, où l'on en compte une cinquantaine, on attribuait à des phénomènes volcaniques la vitrification de ces vieilles ruines; les plus célèbres, les mieux conservées sont Barry-Hill, Castle, Spynie et Top-O-Noth, le craig

Phœdrick et l'Orld Hill-of-Kissock. En France, nous comptons Ribandelle, Châteauvieux, Thauron, dans la Creuse; Sainte-Suzanne, Château-Gontier, dans la Mayenne; Écouché, dans l'Orne; Péran, dans les Côtes-du-Nord; Châtelux, dans la Loire.

Toutes ces vieilles fortifications présentent à peu près les mêmes dispositions. Ce sont des enceintes, généralement de forme ronde ou elliptique, choisies avec soin pour la facilité de la défense et protégées par un ou plusieurs remparts qui présentent tous plus ou moins les traces d'une vitrification évidemment destinée à les cimenter ensemble.

Les procédés qu'avaient dû employer les constructeurs de ces curieux ouvrages ont longtemps exercé et exercent encore l'intelligence des savants. Bien des suppositions ont été faites, et pourtant rien de certain ne nous éclaire à ce sujet. Il est permis d'être étonné de voir des hommes, auxquels on ne peut accorder un cercle de connaissances bien étendu, parvenir à produire la température de 1300 degrés nécessaire à la fusion du granit et opérer sur de telles masses, lorsque nous y parvenons à peine avec toutes les ressources de notre science moderne.

Les uns pensent que l'on plaçait les blocs de granit au milieu de bûchers étagés avec soin, et qu'à chaque assise on allumait ces bûchers, qui produisaient ainsi la soude et la potasse nécessaires à la vitrification. Les autres croient qu'on cimentait les pierres en y versant du verre en fusion. Cette hypothèse, si elle était vraie, ne pourrait assigner à ces monuments qu'une date relativement récente, puisque le verre n'apparaît qu'au début de l'âge du fer. Certains autres enfin supposent qu'on recourait tout simplement au fameux feu grégeois, dont la formule, perdue après le moyen âge, aurait été connue dès les temps les plus reculés. Ce feu redoutable pouvait donner les résultats qu'on remarque sur les constructions dont il s'agit; mais s'il leur a été appliqué, il faut immédiatement les retrancher des monuments préhistoriques, puisque la connaissance du feu grégeois a été apportée dans les Gaules par les Visigoths.

Quel que soit le procédé encore inconnu qu'employaient les constructeurs des forts vitrifiés, les données manquent pour leur assigner un âge : si quelques arguments trop longs à développer et hors de propos ici avaient le poids qu'on leur accorde, c'est seulement aux ve et vi^e siècles de notre ère qu'il faudrait faire remonter ces fortifications étranges.

Des incertitudes règnent également sur l'âge de curieuses constructions rencontrées jusque dans les gorges des montagnes Rocheuses. Ce sont tantôt des huttes à un ou à deux étages, élevées à l'aide de pierres épanellées à coups d'autres pierres et placées sans aucune espèce de ciment : ces huttes s'élèvent sous l'escarpement de rochers surplombant la rivière qui court au fond du cañon. Ailleurs, ce sont des tours véritables, de forme carrée, jetées sur les deux versants des montagnes Rocheuses. Placées à deux cents ou trois cents mètres au-dessus de la vallée, elles sont tout à fait inaccessibles à l'ennemi. L'étude de pareils monuments, perdus dans des déserts fréquentés seulement par de cruels Indiens, est fort difficile, le peu de fouilles qu'on a pu y faire a donné toutes les indications d'un âge de pierre primitif suivi d'une période de civilisation avancée, mais sans avoir laissé trace d'aucun métal.

Nous savons quel rôle important les stations lacustres ont joué dans la civilisation naissante de l'Europe; les crannoges d'Irlande, dont la construction leur ressemblait, ont eu la même fortune et la même fin. Après avoir uniquement servi d'habitations protégées par leur position contre les attaques des bêtes féroces, les crannoges et les cités lacustres ont fini par devenir des refuges, des espèces de citadelles pendant les périodes d'invasion.

CHAPITRE VII

LES TRACES DES COMBATS

Organisation militaire. — Bâtons de commandement. — Siége d'une cité lacustre. — Les ossements révélateurs. — Armes restées dans les plaies. — Crânes perforés et fendus. — Plaies en voie de guérison. — Le scalpage.

En présence de tant de ruines importantes attestant que des masses humaines se heurtaient entre elles, montrant qu'il y avait une sérieuse défense résultant d'efforts associés en commun, il n'est pas extraordinaire de penser que la science stratégique était en germe, qu'il existait des chefs pour conduire au combat les foules humaines; on peut dire, par conséquent, qu'une organisation militaire se montrait alors, tout comme se montrait une organisation sociale. A défaut de preuves indiscutables, la logique exige cette conclusion.

C'est à cet ordre d'idées qu'on doit rattacher ces singulières pièces en bois de renne ou de cerf, désignées par les archéologues sous le nom de « bâtons de commandement ». « Ce sont, nous dit M. Broca, de grandes pièces travaillées avec art et présentant un type uniforme. Leur surface est généralement ornée de sculptures, de dessins variés représentant des figures d'animaux ou des scènes de chasse. Ils sont moins épais que larges, et le soin pris souvent de diminuer cette épaisseur prouve qu'on cherchait la légèreté ou l'élégance plutôt que la solidité. La plupart sont percés, vers l'une de leurs extrémités, de grands trous ronds dont le nombre varie de un à quatre. Quelques-uns de ces trous ont été ajoutés successivement, après l'achèvement du bâton, ce qui fait supposer une hiérarchie où l'on franchissait des degrés successifs. Aucune hypothèse ne s'accorde mieux avec la destination supposée de ces pièces parfois remarquables.

S'il n'y avait pas eu la hiérarchie militaire dont nous

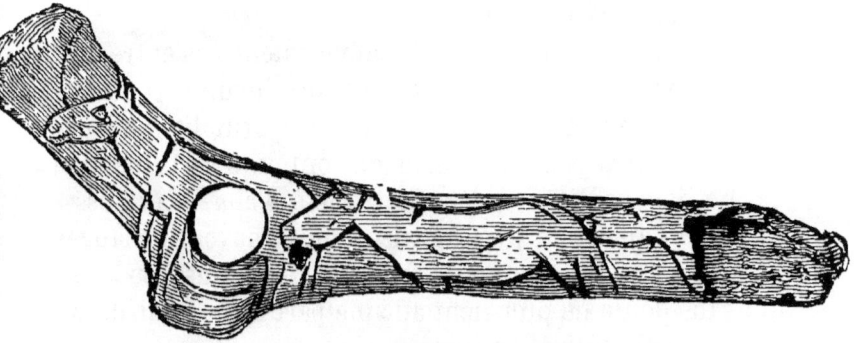

Bâton de commandement représentant deux chevaux.

parlons, et que les « bâtons de commandement » semblent prouver, il eût été difficile d'expliquer l'anéantissement complet dont furent frappées les stations lacustres qui, presque toutes, périrent par l'incendie qu'allumèrent leurs assiégeants.

Nous disons presque toutes, parce qu'il est impossible de ne pas admettre que le feu a dévoré accidentellement quelques-unes d'entre elles. Ces demeures en branchages, couvertes de chaume, posées sur une plate-forme en bois, ayant chacune un foyer duquel devaient s'échapper de nombreuses étincelles, étaient continuellement en danger, malgré la proximité de l'eau.

Dans presque toutes les stations lacustres on retrouve des espèces de balles incendiaires formées de charbons pétris avec de l'argile. Rougies au feu, elles étaient lancées avec la fronde sur le chaume des habitations, et communiquaient l'incendie à toute la bourgade. Il est certain que lorsque les assiégés avaient toute communication coupée avec la rive, des barques nombreuses portant des assaillants les entouraient de toutes parts et empêchaient la fuite à travers le lac; des frondeurs organisés en groupes compacts couvraient le malheureux village de leurs projectiles incendiaires et amenaient sa destruction complète.

César éprouva l'efficacité de cette manœuvre, employée contre lui par les Norriens, et l'on sait qu'elle était pratiquée longtemps avant lui.

Avec les instruments qu'ils employaient à s'entre-détruire nous trouvons les ossements des hommes qui luttaient entre eux et se livraient à toute la brutalité de leurs instincts sauvages. Ces ossements ont une sorte de langage qui nous dit ce qu'était la société d'alors : aux ossements des guerriers qui frappaient nous trouvons mélangés les ossements des victimes, femmes, vieillards, enfants, qui sans doute ne prenaient aucune part à ces combats où la force seule entrait en ligne.

Non seulement beaucoup de crânes ont été trouvés portant béante la trace du coup qui avait détruit la vie, mais encore de nombreux ossements portent, insérés dans leur tissu, l'arme ou les débris de l'arme dont ils ont été atteints.

Le docteur Prunières, qui s'est principalement occupé d'étudier les cavernes des Bonnes-Chaudes, près du cours supérieur du Tarn, a pu constater et préciser pathologiquement les blessures produites par les silex tenant encore à la plaie. Il a présenté au congrès scientifique de Clermont une vertèbre humaine transpercée par une flèche, où le silex est comme enchâssé dans un tissu osseux de formation postérieure. Des tibias portaient la pointe de lance qui les avaient frappés; une exostose moulait en quelque sorte le silex.

Un crâne de femme trouvé à Sordes était transpercé à la partie occipitale; on remarque un travail avancé d'élimination des esquilles, ce qui prouve que la victime a survécu à l'affreuse blessure. Un autre, de femme également, porte trois blessures dont deux étaient cicatrisées; c'est la troisième qui a emporté le sujet. Une tête avait conservé trois flèches à tranchant transversal; la partie supérieure du crâne s'était affaissé sur elles.

De semblables découvertes étaient faites en Écosse, et l'on y trouvait principalement un tombeau considéré comme celui d'un ancien roi; le squelette de ce tombeau avait le bras presque séparé du tronc par le coup d'une hache en diorite, dont un fragment s'était brisé et était resté encastré dans l'os.

Ailleurs c'était un crâne humain percé par un javelot en corne d'élan.

Partout les mêmes faits se reproduisent et nous montrent non seulement la puissance des armes grossières des combattants, mais aussi, par l'état de réparation avancée de beaucoup de blessures, que les blessés étaient recueillis, soignés par leur famille probablement, peut-être même par la tribu.

Il semblerait qu'aucune des atrocités que nous reprochons à nos temps modernes n'étaient ignorées de nos primitifs ancêtres. Le scalpage, qu'on pourrait prendre pour une coutume spéciale aux Indiens du Nord, a été pratiqué en France aux temps préhistoriques. M. Piette a trouvé dans la grotte de Gaudron plusieurs crânes sur lesquels on pouvait distinguer des stries, des raies n'ayant pu être produites qu'à travers le cuir chevelu, qu'on avait ensuite probablement arraché.

SIXIÈME PARTIE

LA MORT

I. — LES SÉPULTURES

CHAPITRE I

PIERRES ET CAVERNES

Les cavernes furent des sépultures après avoir été des habitations. — Menhirs, dolmens, cromlechs, cercles de pierres. — Leur présence dans les cinq parties du monde. — Leur mode de construction. — Puits funéraires.

Si nous savons, à n'en pouvoir douter, que les cavernes furent tout d'abord des demeures ravies par les premiers hommes aux animaux sauvages, nous avons la certitude que vint un temps où ces habitations furent abandonnées par les vivants pour devenir le séjour des morts.

Suivant la belle pensée d'un savant archéologue, c'est la mort qui nous a révélé les secrets de la vie. En effet, c'est l'étude des cavernes répandues sur toute la surface du monde qui nous a appris ce que nous connaissons des races qui nous ont précédés.

Quelques écrivains font remonter jusqu'aux âges primitifs de l'ours et du mammouth l'usage d'enterrer les morts dans les cavernes; cependant le peu de traces retrouvées d'une semblable sépulture à cette époque ne permet pas d'adopter cette supposition. Les signes certains de l'ensevelissement *habituel* des morts dans les cavernes n'apparaissent guère qu'à l'époque néolithique. Celles qui ont servi à cet usage ont ordinairement leur entrée étroite, de façon à pouvoir la fermer au moyen d'une dalle ou de pierres, pour mettre les corps à l'abri des animaux carnassiers.

Autant qu'il est permis d'affirmer en pareille matière, on déposa les morts dans des cavernes pendant la première partie de l'époque néolithique; pendant la seconde partie, on leur éleva des dolmens. Ce genre de sépultures est fort répandu en France; tandis qu'on y connaît seulement deux cent vingt grottes sépulcrales, dont soixante-seize sont des grottes naturelles, on a compté deux mille trois cent quatorze dolmens. Leur usage, répandu dans tout le nord de l'Europe, a duré en France, en Angleterre, jusques après l'introduction du bronze.

Afin d'éviter toute erreur, il est bon de rappeler sommairement la valeur et la signification des termes employés en parlant des monuments composés de pierres émergeant du sol.

En allant du simple au composé, on connaît les *menhirs*, appelés aussi *peulvan* ou pierres levées; ils se composent d'une grosse pierre brute plantée verticalement dans le sol.

Les *dolmens* comprennent une table de pierre brute reposant sur des supports de même nature; les demi-dolmens ont une seule de leurs extrémités posée sur des pierres; l'autre repose sur le sol.

Les *cromlechs* ou cercles de pierre sont des groupes de menhirs disposés circulairement.

Les *allées couvertes*, nommées aussi grottes de fées par les campagnards, se composent d'une galerie formée de deux rangs de pierres brutes posées verticalement et recouvertes par des pierres transversales servant de plafond.

Tous ces monuments, ainsi désignés par des néologismes empruntés au patois breton à raison de leur grand nombre en Bretagne, abondent sur notre sol, mais particulièrement dans les départements composant la Bretagne, le Périgord et les Cévennes.

Les menhirs, que leur mode de construction protégeait peu contre les diverses causes de destruction, sont peu nombreux en dehors des alignements, car ils ont été pour la plupart renversés, brisés dans leur chute, et leurs débris ont servi aux constructions des alentours. Ils marquent souvent l'emplacement d'une tombe; souvent aussi ils sont des monuments commémoratifs de quelque événement. Leur usage, qui semble remonter aux temps de la pierre polie, s'est continué longtemps en Bretagne; on en cite plusieurs évidemment érigés depuis la conversion des Bretons au christianisme, puisque à Lochrist, au cap Saint-Martin, à Baoulas, ailleurs encore, le menhir est surmonté d'une croix taillée dans le bloc même.

Le plus connu et en même temps le plus colossal de ces monuments est le menhir de Locmariaker, qui mesure 22 mètres de long et qu'on estime peser 250,000 kilogrammes : il a été renversé et brisé en quatre morceaux.

Les dolmens furent en quelque sorte un perfectionnement des menhirs. Ceux-ci indiquaient l'emplacement d'une tombe; les dolmens contenaient la tombe elle-même. Ils étaient tantôt posés sur quatre pierres et souvent davantage, tantôt sur trois seulement et ainsi réduits au minimum de points d'appui. Les fouilles pratiquées dans les tombes qui n'avaient pas été violées ont toujours donné des résultats qui les classent dans un âge prémétallique; la plupart ont été malheureusement bouleversées par suite de cette superstition populaire qui leur fait contenir des trésors.

La légende voulait aussi que toutes ces tables de pierres fussent les autels sur lesquels les druides faisaient leurs sacrifices humains, et comme plusieurs d'entre elles sont pourvues de coupelles dont la signification est tout à fait

Menhirs et dolmen.

indécise, on voulait que ces espèces de cuvettes aient servi à recueillir le sang des victimes. Cette erreur n'a plus cours, et l'on sait aujourd'hui que les druides n'ont rien à voir en cette affaire.

Les allées couvertes se rattachent de près aux dolmens en ce sens que, suivant une interprétation due à M. de Bonstetten, et dont la valeur est considérable à cause même de son origine, ces allées seraient une prolongation du dolmen primitif. Désireux de dormir leur dernier sommeil auprès du chef de la famille, les parents du défunt prolongeaient le monument chaque fois qu'il s'agissait d'établir une nouvelle sépulture ; on ajoutait le nombre voulu de tables et de supports et l'on avançait les blocs de fermeture. De cette façon plusieurs dolmens communiquaient ensemble, et tous les membres de la même famille reposaient côte à côte.

En général, les dimensions de ces pierres étaient colossales ; on cite la table du dolmen de Tiaret, qui n'a pas moins de 19 mètres de longueur sur près de 8 mètres de large et 2 mètres 85 d'épaisseur ; ce bloc immense est suspendu sur des rochers à plus de 12 mètres de hauteur. Sur la route de Loudun à Fontevrault on en voit un plus considérable encore, puisqu'il mesure de 22 à 23 mètres.

Les cromlechs ou rangs de pierres entourant certains dolmens d'une ceinture comptant quelquefois jusqu'à sept rangs, sont rares en France et en Italie, mais ils sont très répandus en Algérie, en Suède, en Danemark, dans les Indes et en Angleterre.

Tous ces monuments, dolmens, allées ou cromlechs, sont très nombreux dans le monde entier. Ils couvrent le sol de plusieurs vallées des Indes. On en a trouvé en Perse, en Arabie, sur les bords du Jourdain, en Sibérie, à Ceylan, au Pérou, jusque dans les plaines désertes de l'Australie, dans la Nouvelle-Zélande, dans les îles du Pacifique. On les compte par milliers en Algérie, où ils ont longtemps échappé à l'attention, malgré la conquête française.

Leur nombre n'est pas la seule cause de l'étonnement qu'ils inspirent; en voyant ces masses très souvent colossales, l'on se demande par quels procédés les peuples anciens, dépourvus de toute machine, de tout engin de transport, parvenaient à remuer de semblables masses, à les tirer de leur monstrueuse alvéole, à les apporter souvent de très loin, à les dresser debout, mieux encore, à les suspendre au-dessus d'autres blocs.

Il est certain que les auteurs de tels travaux étaient réduits aux appareils les plus élémentaires de la mécanique : le levier, le rouleau, le plan incliné, étaient leurs seuls moyens d'action. Mais il ne faut pas oublier deux choses : le temps et les bras ne manquaient pas ; en outre, les peuples qui élevaient ces monuments agissaient sous l'empire d'un vif sentiment religieux; ils avaient le culte des morts.

On s'expliquera mieux la possibilité de transporter de telles masses, quand on se rappellera la facilité relative avec laquelle les coolies chinois, de complexion généralement chétive, transportent les monolithes les plus considérables. La taille pratiquée sur une grande partie de ces pierres énormes se faisait peut-être en frappant dans le sens le plus attaquable du rocher; en frappant longtemps en ligne à la même place, il se produisait une fissure que le feu complétait; peut-être aussi introduisait-on des coins de bois dans la fente produite; ces coins, arrosés d'eau, se gonflaient et faisaient éclater la pierre.

Pour ériger de semblables masses, les supports étaient noyés dans un remblai de terre sur lequel la pierre était amenée au moyen d'un plan incliné à l'aide de leviers et de rouleaux.

On a essayé de reconnaître une loi, des habitudes tout au moins, dans l'ornementation donnée à ces monuments funèbres. Malgré l'opinion émise par des esprits distingués, la multitude des observations faites à ce sujet montre qu'il n'y a rien de fixe dans la position donnée aux sépultures mégalithiques. Chaque peuple paraît avoir agi suivant son caprice ou peut-être selon des usages locaux tout à fait ignorés.

Rentrant dans la catégorie des excavations, il est un genre de sépultures à peu près particulier à la France et à quelques districts montagneux des Indes; ce sont les puits funéraires, excavations profondes, dont la nature et quelquefois les hommes faisaient les frais. Ceux de Tours-sur-Marne n'ont rien livré qui soit postérieur à l'âge du bronze, et ils ont été signalés par le nombre considérable de flèches à tranchant transversal qu'on y a trouvées.

CHAPITRE II

LES MONUMENTS

Les alignements. — Carnac. — Les mégalithes d'Afrique. — Tumuli, galgals, cairns; grangrabben et homengrabben; topes bouddhistes; kurgans russes et sibériens; barrows. — Castellieri d'Istrie: sépultures des géants de Sardaigne; talayoti des Baléares; chulpas et huacas. — Mégalithes de l'Inde. — Mounds d'Amérique; moraïs d'Océanie. — Les constructeurs de mégalithes.

Tant qu'il s'est agi de monuments composés d'une ou de quelques pierres debout, nous les avons classés dans le chapitre précédent, qui comprenait les monuments funéraires dans leur forme la plus simple. Dès qu'ils comportaient une réunion de pierres, même de pierres brutes, dont l'érection exige une certaine conception, indique une idée architecturale ou forme par le nombre des matériaux un ensemble considérable, nous les considérons comme de véritables monuments; c'est pourquoi nous les groupons dans le chapitre actuel.

Nous avons vu que, pris isolément, les dolmens sont nombreux, et qu'on compte relativement peu de menhirs. La proportion se renverse si l'on tient compte des menhirs constituant les curieux monuments nommés alignements par les archéologues.

Sur une longueur affectant plusieurs centaines de mètres s'étendent, d'après un plan qu'il est parfois aisé de reconstituer, de longues lignes de menhirs posés près l'un de l'autre, et dont les proportions sont souvent considérables. Presque toujours une sorte de tête de colonne indique le point de départ ou la fin de l'alignement.

Nul pays n'en compte plus que la Bretagne; ils sont peu nombreux en Angleterre; ailleurs ce sont des raretés. On connaît ceux de Crozon, Kerdanadec, Carmaret, Leuré, Gré-de-Cajou, Preissac. Le plus important, le mieux connu de tous, est celui de Carnac, dans le Morbihan. Il se compose de trois parties principales, comprenant jusqu'à treize lignes parallèles de pierres : ces trois tronçons appartiennent à un ensemble aujourd'hui détruit, mais facile à reconstituer. Le principal tronçon, celui de Carnac, a encore une longueur de 3 kilomètres; celui d'Erdeven a 1600 mètres; le dernier, celui de Sainte-Barbe, ne compte plus que quelques ruines. Le tout contient encore quatre mille menhirs debout, d'une taille de 7 mètres à 1 mètre, posés en décroissant.

Ces gigantesques allées de pierres marquent à la fois le souvenir d'une grande bataille et la place de nombreuses tombes presque toutes vides à présent. Bien qu'il soit difficile de préciser l'époque où fut érigé ce colossal monument, on a de fortes raisons de croire qu'il n'est pas d'un âge extrêmement ancien : en effet, César, qui assista au combat de sa flotte contre celle des Venètes, dans la mer du Morbihan, devait avoir pour point d'observation le mont Saint-Michel, hauteur au pied de laquelle s'étend le groupe principal. Il est impossible qu'un pareil travail n'ait pas attiré son attention; or, malgré le soin scrupuleux avec lequel chaque fait et chaque incident notable sont consignés par lui dans ses *Commentaires*, il n'est pas dit un mot des alignements de Carnac. On a donc droit de dire que le monument date d'une époque ultérieure aux expéditions romaines; mais comme aucune tradition, aucun fait n'a conservé la mémoire des événements qui se sont accomplis en cet endroit, que les fouilles n'ont donné que des objets caractérisant une époque antérieure à l'âge du bronze, on est autorisé à reporter aux temps préhistoriques *de la Bretagne* cette puissante manifestation des hommes d'alors.

Pour continuer à suivre fidèlement la ligne que nous nous sommes tracée, il faut également classer au même rang ces énormes cercles de pierres qui semblent exclusifs à l'Angleterre. Monuments spéciaux ou nécropoles, ils affectent une forme circulaire quelquefois déprimée renfermant un ou plusieurs groupes d'autres cercles concentriques : le tout est circonscrit par un fossé et une levée en terre. Quelquefois une longue avenue de menhirs précède le monument principal[1]. Bien que différant entre eux par le travail des pierres qui les composent, on cite surtout le cercle d'Avesburg, celui de Marden et celui de Stonehenge, remarquable par son grand nombre de trilithes.

On peut encore comprendre dans la même catégorie ces innombrables érections de pierres qui couvrent le sol algérien, et qui sont restées inconnues des archéologues pendant plus de vingt ans après la conquête. C'est par milliers qu'on les compte; tous sont entourés d'une enceinte plus ou moins considérable de grosses pierres, et présentent tous les types connus des monuments mégalithiques de l'Europe : dolmens, demi-dolmens, cromlechs, menhirs, allées et tumuli. Indépendamment de ces formes, ils en affectent également trois autres, fort anciennes aussi, puisqu'on n'en connaît point les auteurs, mais qui n'appartiennent pas aux temps préhistoriques. Nous les mentionnons à cause du mélange existant avec les monuments préhistoriques. Ce sont les *basina*, constructions par assises de formes variées; des degrés, composés de pierres de tailles diverses, supportent trois pierres longues et étroites posées au milieu de pierrailles; les *chouchet*, petites tours surmontées d'une grosse pierre fruste; les *haouanet*, chambres cubiques taillées dans le rocher; on y accédait par une porte encadrée avec soin.

Tous ces monuments que nous avons indiqués sortent de terre : beaucoup d'autres qui leur sont semblables ont été noyés dans le sol; ce sont des dolmens que, pour cette raison, les archéologues ont divisés en dolmens cachés et en dolmens apparents.

Dans ces derniers on remarque quelques dolmens fermés par une pierre percée d'un orifice circulaire, trop petit pour le passage d'un cadavre, et sur lequel on est sans renseignements. Par une étrange coïncidence, cette particularité est signalée à la fois sur des dolmens français, sur des dolmens indiens et sur des dolmens circassiens. Les autres forment la classe innombrable des tumuli.

Innombrable est bien le seul terme qui puisse donner une idée de leur profusion, puisque rien qu'en France on en a relevé plus de cent quarante mille de la seule catégorie des tumuli privés de chambre intérieure, et que le sol danois en est couvert au point d'avoir été une entrave pour l'agriculture.

Les archéologues appellent des tumuli toute tombe formant un monticule de terre artificiel qui recouvre un dolmen. Suivant les âges, les peuples et les ressources, ces dolmens ont été modifiés et finissent par devenir un simple cist ou enveloppe composée de pierres placées verticalement côte à côte, et surmontées d'autres qui forment plafond; les interstices sont bouchés avec des pierres plus petites qui empêchent la terre de pénétrer dans la sépulture.

Cette forme est peu à peu devenue un simple cercueil de pierre, puis de bois, placé au fond de la terre au lieu d'être mis à la surface, et enfoui sous une éminence factice. Elle s'est modifiée en agrandissant l'intérieur du monument de façon à y déposer plusieurs corps; puis autour de cette pièce principale on a pratiqué, soit des pièces secondaires rayonnant autour d'elle, soit de simples logettes, suivant la position dans laquelle on enterrait le cadavre. En ces circonstances, les tumuli ont acquis des proportions plus vastes et sont précédés d'une allée souterraine conduisant au tombeau lui-même; d'autres fois, peut-être quand les chambres intérieures étaient pleines, l'allée est devenue elle-même une sépulture où chaque corps était séparé par une cloison de pierres.

Ces dispositions, qui partent toutes de la même idée originaire, sont, suivant les pays où elles se rencontrent, désignés sous différents noms : en Allemagne, on les nomme *homengrabben* ou tombeaux des géants; en Danemark, dans les pays Scandinaves, ils s'appellent *grangrabben* ou tombeaux à passage. Les topes ou dagobs les plus anciens de l'Hindoustan en sont une variété, ainsi que les *kurgans* hémisphériques qui couvrent par centaines de mille les steppes de la Russie et de la Sibérie, contenant dans leurs flancs les os de ce peuple inconnu qui a révélé l'existence d'un âge de bronze et d'une civilisation avancée à l'époque même du mammouth. En Angleterre, ces tumuli ont une forme allongée caractérisée par le nom de *long-barrow*.

Au lieu d'être en terre, le monticule est quelquefois formé de pierrailles, de cailloux comme en Bretagne, en Écosse et en Patagonie. En ce cas, les Bretons les nomment des *galgals*, les Écossais des *cairns*.

Dans la province d'Istrie, des monuments analogues appelés *castellieri* ou *strarigrad* ont été posés au sommet des montagnes au prix d'efforts évidemment considérables.

Dans l'île de Sardaigne, des constructions, considérées par les paysans comme étant les sépultures des géants, se distinguent des monuments analogues par un fronton soigneusement travaillé composé d'une seule pierre et par deux bras s'étendant en hémicycle; souvent le cercle est complété par une ligne de menhirs taillés en cône.

Les *talayoti* des Baléares, qui ont une grande ressemblance avec les *nughari*, sont toujours précédés d'une bilithe ou pierre plate posée sur un support de même forme planté en terre.

Au Pérou, en Bolivie se voient des sépultures du même genre, antérieures aux Incas; construites comme les dolmens fermés, elles sont parfois entourées d'un mur carré ou circulaire qui indique par son genre de travail une date plus récente. Réduites à de modestes proportions, ce sont des *chulpas;* quand ils atteignent des dimensions colossales attestant qu'ils recouvrent des personnages importants, le genre de construction change. D'après M. Wiener, qui les a fait connaître, ce sont des pyramides de pierre hautes de 40 à 60 mètres et dont la base occupe une surface de 10,000 mètres. On les appelle des *huacas*.

Aux Indes, nous voyons des traces si nombreuses de tumuli et de monuments funéraires de tous les types préhistoriques, ces monuments appartiennent à des âges si divers, l'usage s'en est si fidèlement conservé jusqu'à ce jour dans certaines régions de cette immense contrée, qu'il ne faut pas être surpris de trouver au milieu de monuments semblant appartenir aux temps néolithiques des monuments semblables décorés de l'emblème sacré attestant que les chrétiens eux-mêmes, au temps des prédications catholiques, conservaient ce mode de sépulture reçu de leurs ancêtres.

L'Amérique du Nord, cette terre des surprises, ne pouvait manquer de fournir des révélations curieuses dues au nombre et à la variété de ses monuments funéraires. C'est, en effet, aux monticules innombrables qui couvrent ses immenses espaces que nous devons en majeure partie la connaissance encore bien incomplète de son passé.

Les éminences nombreuses que les voyageurs prenaient pour des reliefs naturels du sol, sont les œuvres des primitifs habitants. Les *mounds*, pour les désigner par le nom qui leur a été donné, comprennent des travaux de défense, des tertres symboliques, des tertres de sacrifices et des tertres funéraires.

Malgré l'intérêt qui s'attache à tous ces vestiges, nous nous bornerons à parler des tombeaux.

Leur importance est en rapport avec ceux dont les restes y ont été renfermés. Au lieu de la pierre c'est du bois qu'employaient les constructeurs pour former la chambre funéraire, et la forme du monticule de terre ou de pierre qui recouvre le corps est d'une variété qui excuse l'inattention dont ils étaient l'objet jusqu'aux travaux de MM. Squiers et Davis. De cet usage transmis par leurs pères de placer les tombes de leurs guerriers célèbres sur une élévation, les Indiens ont conservé l'habitude de choisir un point culminant, une situation riante ou remarquable par son panorama pour y placer également leurs morts.

Jusqu'en Océanie, les *moraïs* qui contiennent les ossements des chefs rappellent la même forme que les monuments funéraires du reste du monde. Pour être faites de dalles de corail blanc, certaines de ces sépultures, réservées aux personnages de marque, n'en montrent pas moins que jusqu'en ces régions lointaines le culte des morts se manifeste par les mêmes signes.

Maintenant, par quel lien mystérieux peut-on relier les mégalithes de l'Europe septentrionale et occidentale avec ceux de l'Afrique du Nord et des Indes occidentales? C'est ce qu'il est fort difficile d'expliquer. On constate bien une similitude de forme et un synchronisme apparent pour beaucoup d'eux; mais nul ne peut dire encore avec certitude à qui sont dus ces monuments prodigieux.

Les systèmes les plus contradictoires ont été mis en avant; mais il n'est guère possible d'en retenir plus de deux. D'après l'un, ces monuments seraient l'œuvre d'une race dite « peuple à dolmens », qui, s'élançant des vallées indiennes, aurait marqué son passage par ces étranges constructions mégalithiques; il aurait même eu deux points de départ différents, situés l'un au nord, l'autre au midi. Ce système, séduisant par certains côtés, présente plusieurs lacunes; en outre, les auteurs, tout en indiquant comme point de départ commun les vallées de l'Inde, ne peuvent suivre la branche qui descendit du nord dans nos régions qu'à partir du moment où elle était déjà en Scandinavie.

Le second système attribue aux Celtes proprement dits l'origine de ces monuments, et se base sur leur abondance dans les contrées principalement occupées par les races celtiques. Sans entrer ici dans des considérations étrangères au cadre restreint de cet ouvrage et que nous ne pourrions faire valoir brièvement, il faut reconnaître que ce système a de nombreux partisans et que les raisons invoquées par eux sont basées sur des conséquences historiques difficiles à détruire : citons seulement, à titre de curiosité et comme témoignage de la fidélité persistante des Francs aux usages de leurs ancêtres, cet édit de Charlemagne interdisant à ses sujets d'ensevelir leurs morts dans les monuments des vieux païens, et leur recommandant, au contraire, de les porter dans les cimetières chrétiens.

Le point faible du second système est la difficulté de pouvoir préciser rigoureusement le berceau des Celtes, auxquels on fait remonter ces ouvrages.

II. — L'ENSEVELISSEMENT

CHAPITRE III

POSITION DES CADAVRES

Les squelettes de Solutré. — Cadavres assis, accroupis, repliés sur eux-mêmes, couchés de diverses manières. — Moyens employés pour obtenir la position désirée.

Il est évident que chaque peuple, à chaque époque, a suivi des usages différents dans la manière de traiter ses morts. Ce traitement est un des signes à l'aide desquels on peut essayer de dater une sépulture.

Les squelettes complets les plus anciens dont on ait pu reconnaître la position appartiennent à la station de Solutré. En faisant des fouilles sur ce point devenu célèbre, on a retrouvé un certain nombre de foyers de forme elliptique sur lesquels avait été déposé le corps du défunt. Presque tous avaient la tête tournée vers le couchant; sous la main droite étaient placées des armes de silex taillées à grands éclats, probablement les armes préférées du mort; un autre, au contraire, avait les mains soigneusement croisées sur le ventre. Autour de chaque foyer on avait apporté un entourage de dalles plates, première pensée du dolmen, sans doute.

Il faut aller ensuite jusqu'à la pierre polie pour retrouver des sépultures permettant de reconnaître la position dans laquelle on plaçait les cadavres. Jusqu'à la pierre polie l'homme déposait ses morts étendus dans les cavernes; avec les dolmens il changea la position de ces dépouilles; les cadavres furent ensevelis assis ou accroupis. Quelquefois pourtant, soit par une volonté du défunt, soit pour faire honneur à un personnage de marque, il était étendu tout de son long dans la chambre sépulcrale, et les morts de moindre importance qu'on enfermait avec lui étaient posés assis le long des parois du dolmen.

En France, aux États-Unis, dans l'Arabie, aux Indes, en Angleterre, au Danemark, presque partout où nous rencontrons les dolmens et leurs analogues, nous retrouvons les cadavres non étendus, mais assis, ou accroupis, ou repliés sur eux-mêmes. Dans les chulpas du Pérou, en Australie, dans beaucoup d'îles océanniennes, les cadavres étaient et sont encore repliés sur eux-mêmes.

En retrouvant tous ces cadavres renfermés dans de petits espaces, pour la plupart des caissons en pierre ménagés sous le dolmen, on a supposé qu'on voulait ensevelir le plus possible de morts dans ces monuments qui coûtaient tant d'efforts, et ménager un peu la peine des vivants. Mais il faut bientôt écarter cette pensée quand on considère la quantité immense de ces sépultures, dont le nombre semble protester contre cette idée, et quand on observe que si les cists contenant les squelettes sont de petite dimension, la plupart des monuments explorés auraient pu contenir bien davantage de morts.

Il faut bien plutôt voir une pensée religieuse dans la position donnée au cadavre et y reconnaître le sentiment, confus peut-être, mais très évident, d'une espérance de vie future. Le défunt devait attendre cette seconde existence au sein de la terre, la mère commune, dans la même position qu'il avait dans le sein de sa mère véritable.

Aux âges subséquents, après que les hommes avaient accepté l'usage de brûler leurs morts, on constate, vers la fin de l'âge du bronze, au commencement de l'âge du fer,

Chulpa du Pérou contenant une momie.

un retour à la coutume primitive de courber ses morts. Nous sommes initiés à cet état de choses par les fameuses sépultures de Hallstadt, dans la haute Autriche.

On a ouvert neuf cent quatre-vingts de ces tombes, qui occupent une surface considérable et qui marquent la place d'une vaste nécropole. Les squelettes des uns gardaient la position assise; les autres étaient couchés dans diverses positions : souvent deux cadavres étaient placés dans la même tombe. C'étaient sans doute les époux qu'on réunissait ainsi après la mort, puisque les squelettes d'hommes étaient accompagnés d'armes, tandis que les squelettes de femmes portaient des ornements. Tantôt ces squelettes se rencontrent mis à la suite l'un de l'autre, les pieds contre les pieds; tantôt ils étaient côte à côte; d'autres fois ils étaient posés en croix l'un sur l'autre.

Dans les cas où les cadavres étaient ensevelis assis, accroupis ou repliés sur eux-mêmes, il fallait faire prendre au mort la position qu'exigeaient les mœurs et les croyances de ces âges lointains.

Les moyens ne pouvaient notablement différer de ceux des anciens, s'ils en différaient même tant soit peu. Hérodote nous apprend que les Nasomones, dans la Lybie, obligeaient les malades à prendre, avant d'expirer, une position qui pût faciliter l'ensevelissement du cadavre assis.

Dans toute l'Amérique, tant au nord qu'au midi, les Indiens enveloppaient le cadavre, immédiatement après sa mort, dans une peau fraîche de cheval ou de guanaco qui, en se desséchant, forçait le sujet à garder la position accroupie. Souvent même, si le moribond était un vieillard ou un malade ne laissant plus d'espoir, on n'attendait pas sa fin; on lui saisissait les jambes, qu'on plaçait le plus près possible de la poitrine, on attachait ensuite les mains aux jambes, et l'on enfermait le malheureux dans son enveloppe, où il ne tardait pas à rendre le dernier soupir.

Nous allons voir maintenant par quels procédés de conservation quelques-uns de ces cadavres, remontant à une haute antiquité, sont parvenus jusqu'à nous.

CHAPITRE IV

CONSERVATION DES RESTES HUMAINS

Modes de préservation dans l'Amérique du Nord, au Pérou, en Égypte, en Australie, en Laponie, etc. — Dessiccation des cadavres. — Dépouillement des os. — La crémation ; les urnes funéraires.

L'homme s'est constamment préoccupé des cadavres de ses proches ; il a toujours essayé de les conserver le plus longtemps possible. Les moyens variés dont il a usé dans ce but prouvent surabondamment son culte pour les morts.

Les plus anciens corps conservés à l'état de momies ne peuvent être considérés comme monuments préhistoriques ailleurs qu'au Pérou et dans l'Amérique du Nord, à raison de la date peu reculée à laquelle remonte l'histoire de ces contrées.

On ne connaît qu'une seule exception bien caractérisée en Europe, et cette exception se rapporte à l'âge du bronze au Danemark. En parlant du vêtement, nous avons fait connaître ce tombeau danois, sépulture d'un chef, si l'on en juge par les soins pris pour la conservation du cadavre.

Était-ce un usage général ou un fait isolé ? Le cadavre avait été cousu dans une peau de bœuf, tout comme l'étaient les momies péruviennes antérieures aux Incas, tout comme le sont encore aujourd'hui les morts de bien des peuplades non civilisées. Dans nombre de tombes des mounds américains et dans de vieux yourtes lapons, le cadavre était entouré de bandelettes d'écorce, de la même façon que les Égyptiens entouraient les leurs de bandelettes de toile. Ainsi que le veulent plusieurs savants, y aurait-il dans ce point de grande ressemblance un argument en faveur d'une origine commune aux Égyptiens et aux Américains primitifs ?

En Europe, surtout en Angleterre, on a trouvé la preuve que le mort était enterré avec ses habits ; la position des boutons retrouvés dans des tombes ne peut faire doute à cet égard. Les nombreuses aiguilles et épingles recueillies dans d'autres sépultures de l'âge du bronze montrent que l'on enveloppait étroitement le mort dans un linceul.

Dans les mounds, ce linceul est une natte d'écorce, ou bien des plaques de mica le recouvrent en entier.

La dessiccation était le mode le plus généralement adopté pour empêcher la putréfaction des corps. En Égypte, où l'embaumement pourrait bien avoir été une mesure de salubrité prescrite en raison des débordements du Nil, qui auraient développé les miasmes délétères, le corps était ouvert au moyen d'un couteau de pierre, les entrailles étaient retirées et remplacées par des aromates. Les Guanches des îles Canaries séchaient le cadavre à l'air, puis l'enveloppaient de peaux de chèvres après l'avoir enduit d'un vernis soigneusement préparé ; en Australie, dans la Nouvelle-Zélande, les corps étaient desséchés. Les Péruviens enterraient leurs Incas avec des soins inouïs ; le cadavre, soigneusement enbaumé, était assis sur un siège d'or, revêtu du manteau royal, et semblait toujours trôner ; les nobles partageaient ce mode de sépulture, et l'on mettait devant eux, sur l'aire de la caverne, un repas préparé. Une grande quantité de chulpas, placées sur les flancs des Cordillères, contiennent les morts à l'état de momies cousues dans une peau, dans un sac, renfermées dans une corbeille, un vase de terre ou des nattes.

Dans les Huacas, les Péruviens obtenaient la conservation du corps en remplissant la tombe de sable extrêmement fin et sec.

En Europe, l'embaumement paraît avoir été connu dès les âges les plus reculés, à en juger par certaines découvertes faites en Auvergne.

Faut-il y voir un changement d'habitudes dû à une invasion orientale ou à un changement de mœurs introduites par le temps? On est mal fixé à cet égard, mais on peut constater que l'usage de l'incinération des cadavres est devenu général à l'âge du bronze, et que si les cadavres n'étaient pas inhumés assis ils étaient brûlés. Cependant la crémation était connue avant cette époque : les cadavres de Solutré portent des traces d'ustion ; on la retrouve plusieurs fois pendant l'époque néolithique et dans les dolmens.

Si générale que fût devenue cette coutume d'incinérer les corps, et bien qu'on la rencontre depuis la Grèce jusqu'à la Grande-Bretagne, de l'Étrurie à la Russie méridionale et jusque dans les deux Amériques, l'ensevelissement avait été pratiqué concurremment à elle. Pas plus alors que de nos jours, les vieux usages n'étaient absolument effacés par l'introduction de mœurs nouvelles ; quelques puissants que fussent les envahisseurs dont on empruntait les mœurs, ils ne parvenaient pas à détacher certaines familles des coutumes de leurs pères.

Plus tard, quand le fer vint à son tour détrôner le bronze, on put constater un retour à l'inhumation ; la crémation devint de nouveau l'adversaire de l'ensevelissement. A en juger par les tombes de Hallstadt, qui nous ont beaucoup appris, l'incinération semblait alors réservée aux riches. En effet, on remarque une bien plus grande richesse d'ornements dans les tombes où sont les corps brûlés que dans les tombes où le squelette est entier.

C'est à l'Angleterre qu'appartiennent les premières constatations les plus complètes de l'incinération entière du cadavre ; c'est dans ce pays qu'ont été rencontrées les premières urnes funéraires dont la grossière fabrication indique la plus haute antiquité. Ce genre de vases a été constaté dans une foule de monuments, dans tous les pays où la crémation était pratiquée.

Peut-être, par suite de mœurs locales, peut-être aussi à titre de protestation contre un nouvel ordre de choses, la combustion du cadavre n'était pas toujours complète; quelquefois c'étaient seulement les pieds, les mains ou la tête du défunt qui étaient épargnés. A Hallstadt, on constate un certain nombre de sépultures où l'urne cinéraire est surmontée de la tête du défunt ou bien est placée sur le petit monument intérieur que contient le tombeau.

Serait-ce une coutume perpétuée à travers les âges et dont la source remonterait à l'époque du fer dans ces régions? Mais il est curieux de constater que, dans certains villages de la Suisse catholique, les corps sont repris après avoir séjourné un certain temps dans les cimetières, les os réunis et les crânes exposés sur une petite console, dans l'église, après avoir reçu au front une inscription ornée, portant le nom de celui à qui il appartenait.

Il était enfin, suivant toute vraisemblance, un dernier moyen de conserver les restes des morts que l'on avait affectionnés : c'était de les dépouiller de leur chair et de réunir les os. C'est dans les longs-barrows de l'Angleterre que cet usage a été le plus souvent constaté. Pour l'établir, les archéologues se fondent sur cette circonstance considérable que les os se rencontrent pêle-mêle dans un espace évidemment trop exigu pour avoir pu contenir le corps du défunt.

Ce bizarre mode de sépulture a dû exister réellement, car il se rencontre encore dans certaines tribus du Nord-Amérique, où les ossements seuls sont enterrés après avoir été recouverts d'une couleur brillante. Dans ses voyages à Taïti, le capitaine Cook avait constaté le même usage. Un édit du pape Boniface VIII interdit cette pratique commune au moyen âge, et l'on cite le duc Léopold d'Autriche qui, étant mort en Apulie, eut ses chairs enterrées au Mont-Cassin, tandis que ses ossements furent inhumés dans sa patrie.

III. — LES RITES FUNÉRAIRES

CHAPITRE V

CÉRÉMONIES FUNÈBRES

Le culte des morts aux temps préhistoriques. — Repas et sacrifices funèbres. — Offrandes votives.

Dès l'instant où l'on peut saisir d'une façon à peu près générale la marque de son existence, l'homme nous apparaît avec cette grande idée dont il a laissé les traces puissantes : pour lui, tout ne finit pas avec la vie, au delà du tombeau il a l'espérance ou la crainte d'une récompense ou d'un châtiment.

Le soin que les premiers hommes donnaient déjà à leurs sépultures, l'importance des monuments qu'ils élevaient à leurs morts, indiquent que de tout temps ils se sont crus appelés à des destinées meilleures. Si mal définies que fussent ces croyances, si incertain que fût le sentiment auquel ils obéissaient en respectant les morts, en les honorant, ces manifestations sont des arguments en faveur de l'immortalité de l'âme humaine.

Ces manifestations ne se bornaient pas à la sépulture; il existait des rites funéraires dont le détail nous est inconnu, mais dont l'ensemble peut être rétabli, et des cérémonies funèbres dont il est facile de reconstituer quelques phases.

Presque partout, dès les âges les plus reculés, nous en retrouvons les traces.

La principale cérémonie consistait en un repas. Ces repas étaient faits en l'honneur des morts. Si l'on peut juger de leur importance par la quantité de débris qu'ils ont laissés, il est à croire que la réunion motivée pour la lugubre cérémonie tournait parfois à l'orgie; des masses de viandes provenant, d'après l'âge de la sépulture, du mammouth, de l'ours, du cheval, du renne ou du bœuf, devaient être englouties dans ces festins où se célébraient sans doute les qualités du défunt.

En étudiant les couches diverses qui composent le sol des cavernes, on a pu se convaincre que chaque sépulture donnait lieu à des repas de ce genre. Cette coutume, dont il est difficile de démêler l'origine, est tellement dans l'instinct humain que nous la retrouvons, se perpétuant à travers les âges, pratiquée sur tous les points du globe, qu'elle est parvenue jusqu'à nous et se maintient avec persistance dans les basses classes.

Les hommages rendus aux morts au moment de l'ensevelissement ne se bornaient pas à des festins; il y avait également des sacrifices dans lesquels on immolait des animaux, et, triste vérité, de nombreuses victimes humaines.

Nous avons vu précédemment que l'homme avait été anthropophage à toutes les époques de son antique enfance, que la vie de son semblable n'avait à ses yeux qu'une valeur négative et qu'il se nourrissait des victimes de la guerre. Il est donc fort probable qu'il faisait entrer un certain nombre d'êtres humains dans le repas des funérailles, et que les os humains calcinés, fendus pour en extraire la moelle, provenaient en partie de ces sinistres agapes.

Non seulement des êtres humains étaient immolés et mangés en l'honneur du mort, à propos de ses funérailles, mais de nombreuses preuves démontrent qu'à l'époque néolithique des victimes étaient enterrées avec lui. A dater de ce moment, le culte rendu à la mort revêt des allures de luxe, et nous sommes autorisés à supposer que les femmes, les esclaves, les serviteurs étaient condamnés à suivre dans la tombe le cadavre de leur maître.

On connaît de nombreuses sépultures, aussi bien en Europe qu'en Afrique et en Amérique, où le mort principal, couvert des plus riches ornements, occupe le milieu de la chambre sépulcrale, tandis qu'autour de lui sont rangés ceux qui lui ont été sacrifiés, afin de l'aider et de le servir dans la nouvelle existence qu'il allait commencer.

Dans bien des cas, cependant, un pareil soin ne présidait pas au sacrifice. Les victimes étaient brûlées, dévorées, et leurs ossements jetés dans la tombe du mort, ou bien, s'il n'y avait pas incinération, les cadavres avaient été poussés pêle-mêle dans la tombe de celui qu'on voulait honorer. Souvent on a pu constater qu'au lieu d'être brûlées ou égorgées, les victimes étaient précipitées vivantes dans le sépulcre et qu'elles y mouraient accablées sous le poids des pierres dont on les lapidait, ou de la terre qu'on rejetait sur elles; plusieurs cadavres prouvent, par leurs attitudes tourmentées, qu'ils ont dû finir ainsi. Signe probable d'une certaine variété dans les rites funéraires, il est des tombes où les victimes choisies n'étaient que des femmes et des enfants; dans d'autres, le cadavre d'une femme est presque toujours accompagné d'un squelette de petit enfant : ce qui fait supposer qu'on enterrait ensemble la mère et l'enfant, quand la mère mourait en lui donnant le jour ou quand elle le nourrissait encore.

L'hommage rendu au mort se complétait par des offrandes votives. Elles consistaient, dans les âges primitifs, à déposer auprès du mort les armes et les instruments nécessaires à ses besoins dans sa vie nouvelle; plus tard on y ajouta les objets qu'il avait aimés et divers ornements destinés sans doute aux libéralités que le défunt aurait à faire.

En outre, un repas était déposé auprès de lui; c'est ainsi que s'explique la présence, presque dans chaque tombe, des nombreuses poteries qui ont servi à contenir les aliments du défunt. Durant les âges qui ignoraient encore l'usage de la poterie, les mets étaient simplement déposés sur le sol de la caverne.

Avec la pierre polie, et plus tard avec le bronze, se modifia la nature des offrandes. Soit qu'on voulût combler le mort de présents plus nombreux, soit, plus probablement, que le sentiment du surnaturel existât davantage et qu'on reconnût l'immatérialité de l'esprit humain, on se borna à déposer auprès du mort des représentations, des réductions des objets qu'on lui offrait. On ne peut expliquer par d'autres raisons la délicatesse de travail qui distingue certaines armes trouvées dans les tombeaux de la période paléolithique; on y a trouvé des flèches si fines, si admirablement taillées qu'elles ne dépassaient pas une longueur de 7 millimètres sur une largeur de 4 millimètres. Dans de nombreuses tombes des périodes du bronze et du fer, on constate une foule d'instruments de toutes matières dont les dimensions éloignent toute idée d'avoir jamais servi et ne permettent point d'autre supposition que celle d'objets votifs.

Les plus nombreux de ces objets sont des celts, improprement appelés haches. Pendant longtemps on leur a attribué cette destination sans remarquer suffisamment leur forme, qui est, non celle d'une hache, mais bien plutôt celle d'un cône dont la base est aplatie. Ces instruments, tous fabriqués en pierre polie, ne peuvent être d'aucun usage pratique et exigeaient des soins minutieux dans leur fabrication. En Bretagne, où ils sont surtout abondants, on les taillait dans les pierres les plus rares, souvent étrangères à la contrée et même à l'Europe. Leurs dimensions variaient peut-être selon le rang du personnage, peut-être aussi selon la fortune du donateur; les plus petits n'ont que 3 centimètres; les plus grands, véritables raretés archéologiques, atteignent jusqu'à 45 centimètres.

On a également remarqué que beaucoup d'entre eux sont brisés intentionnellement; car aucun, qu'il soit intact ou fracturé, ne porte de trace de service. Aux yeux des archéologues, ces cassures, toujours accompagnées d'un plus ou moins grand nombre d'éclats de silex, doivent être la continuation d'un usage remarqué aux époques paléolithiques, usage consistant à couvrir d'éclats de silex le corps placé dans son tombeau. En France, dans certaines tombes de la Haute-Savoie remontant à l'âge de la pierre taillée, le corps, ainsi que les objets disposés près de lui, avaient dû littéralement disparaître sous la couche des éclats de silex qui avaient été placés dans la sépulture.

Il s'agit là d'un rite funéraire dont on pourrait peut-être bien voir le souvenir dans cette habitude si générale des pays de montagnes, où chaque passant jette une pierre sur les lieux marqués soit par un accident, soit par un crime.

CHAPITRE VI

LES TROPHÉES ET LES AMULETTES

Trophées humains. — Les crânes perforés. — Rondelles crâniennes. — La trépanation. — Mode d'opérer.

Une des découvertes les plus curieuses relatives aux âges préhistoriques est, sans contredit, celle des trophées humains et des crânes perforés.

Les reliques humaines devenaient des amulettes précieuses pour leurs possesseurs. Les tombes et les cavernes des premiers âges de la pierre nous ont gardé les colliers de dents humaines qui servaient de parure aux troglodytes de l'époque du mammouth, les crânes humains dont ils usaient en guise de coupes à boire dans les cérémonies, les os humains servant d'amulettes ou de parure et même transformés en bâtons de commandement.

En 1873, le docteur Prunières recueillait dans divers dolmens et grottes de la Lozère des fragments osseux de formes diverses, dont la taille variait d'une pièce de deux francs à une pièce de cinq francs, percées d'un trou de suspension, et qu'il reconnut pour être des morceaux de crânes. Ces rondelles, ainsi qu'il a nommé ces débris humains, étaient placées sur ou dans le voisinage de crânes présentant une perforation qui, chaque fois, semblait intentionnelle.

D'autres découvertes vinrent s'ajouter à celle-là. De nombreux crânes, portant parfois jusqu'à trois ou quatre ouvertures, furent étudiés principalement par M. Prunières et par le professeur Broca. Il fut reconnu qu'on se trouvait

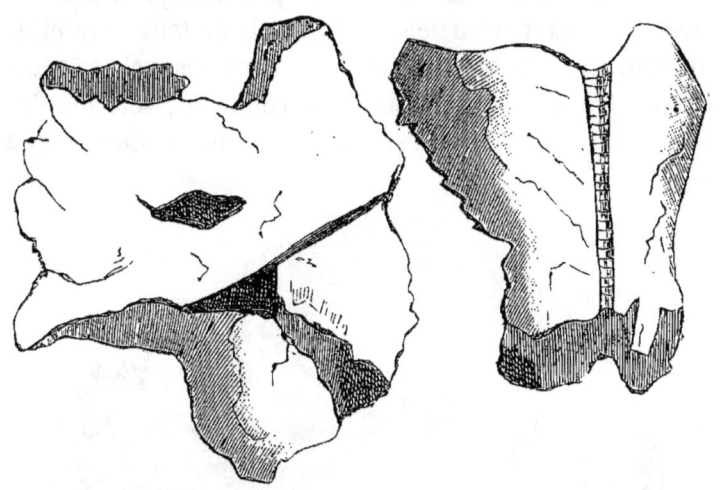

Amulettes humaines.

en présence d'une des plus étranges coutumes relatives aux rites funéraires des temps préhistoriques.

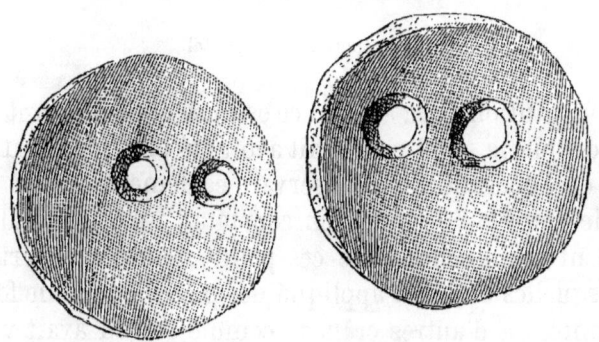

Rondelles crâniennes.

Beaucoup de ces crânes présentaient des sections nettes; tantôt ces sections étaient associées à des sections indiquant un travail de réparation, et tantôt l'on constatait que la réparation était complète sur certains points. D'où l'on devait conclure que de ces crânes les uns avaient été trépanés tant du vivant de l'individu qu'après sa mort, et que les autres n'avaient subi qu'une trépanation posthume.

Ces crânes appartenaient à des sujets de tout sexe et de tout âge; mais on observait que ceux sur lesquels se montrait un travail de réparation soit complète, soit simplement avancée, avaient appartenu à des sujets jeunes, et que

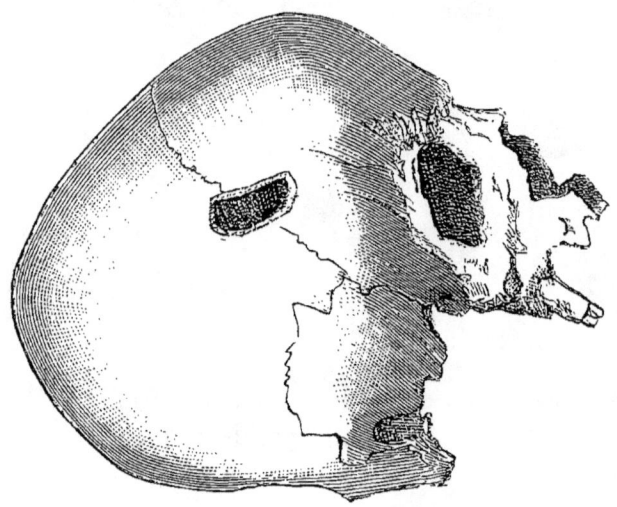

Crâne perforé au pariétal.

la reconstitution de la substance osseuse était d'autant plus avancée que le sujet paraissait avoir été plus jeune au moment de l'opération. On observait également que la plupart de ceux sur lesquels on constatait une cicatrisation, portaient sur les bords de ces plaies d'autres ouvertures sur lesquelles on avait appliqué des pièces de même forme empruntées à d'autres crânes, comme si l'on avait voulu restituer au cadavre ce qu'on lui avait enlevé.

Les études approfondies auxquelles s'est livré le professeur Broca sur ce sujet, démontrent que cette coutume s'est répandue universellement à l'époque de la pierre polie, du nord au midi, au couchant comme au levant, aussi bien au Pérou qu'en Afrique ou dans le nord de l'Amérique.

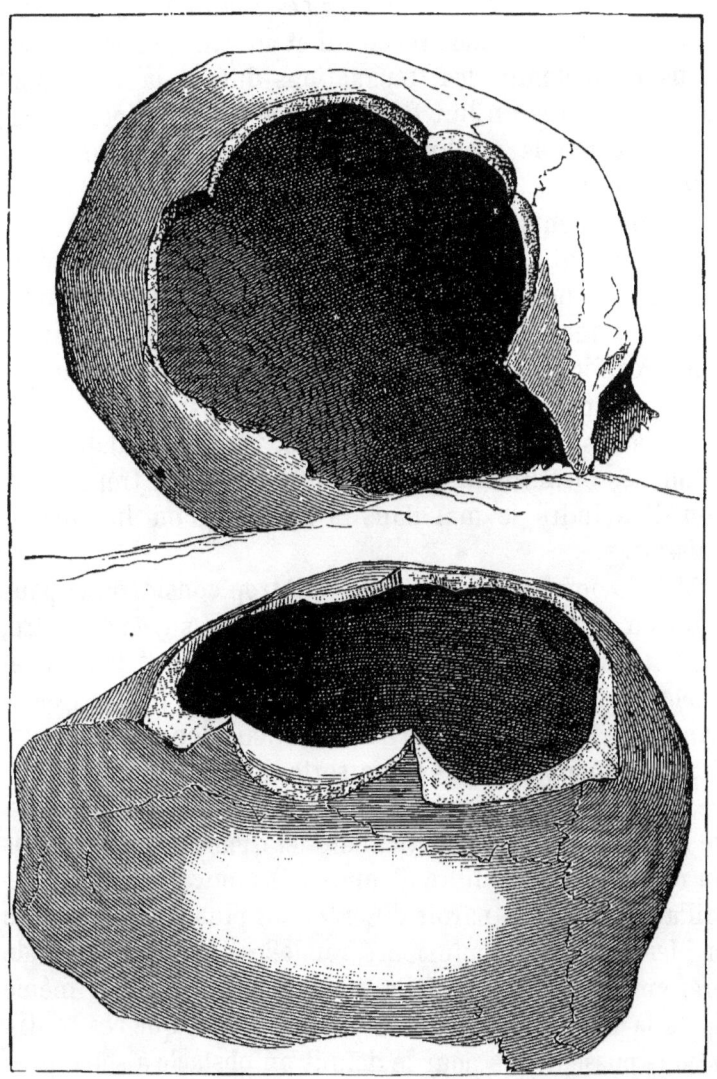

1. Trépanations posthumes.
2. Trépanations opérées pendant la vie.

L'illustre savant a pu réunir assez de preuves pour nous apprendre qu'il fallait attribuer ces singulières entailles à deux causes distinctes. Selon lui et suivant plusieurs écrivains compétents, les trépanations durant la vie étaient pratiquées dans un but thérapeutique et par superstition; les trépanations posthumes avaient la superstition pour seule cause.

Les ossements que les fouilles ont mis à jour nous montrent que, tout sauvages qu'ils étaient, les premiers hommes avaient des notions chirurgicales élémentaires très sûres; on a pu reconnaître maintes fois des consolidations de fractures fort correctement réussies. Il est à présumer que pour certaines affections telles que l'épilepsie, l'idiotie, les convulsions ou l'aliénation mentale, pour les maladies des os ou des blessures à la tête, on pratiquait la trépanation afin d'atteindre le mal dans la source qu'on lui reconnaissait.

Mais le nombre des trépanés était trop considérable pour avoir eu comme but unique la guérison du sujet; en outre, tous les sujets trépanés avant la mort étaient jeunes, et quelques-uns portaient même la marque de plusieurs trépanations faites de leur vivant. Il fallait donc voir en cette pratique une cérémonie, une sorte d'initiation religieuse. Probablement que l'enfant ainsi traité acquérait aux yeux de la foule une vertu particulière, et quand, après un plus ou moins grand nombre d'années, il mourait, ses proches taillaient dans les parois du crâne les plus rapprochées de la blessure une ou plusieurs rondelles qui devenaient de précieuses reliques dont ils ne se séparaient plus, même après la mort. On ne voulait pas, toutefois, que ces mutilations pussent être pour le défunt un obstacle à son entrée dans la vie nouvelle qui l'attendait, et l'on empruntait à un autre crâne une rondelle servant à remplir la place de la perforation.

Le savant professeur nous apprend encore que cette opération, toute terrible qu'elle peut paraître, n'est pas des plus redoutables quand elle n'a pour but que l'enlèvement d'une partie du crâne sans lésion traumatique. Il a expérimenté sur de jeunes chiens en se servant d'éclats de silex quaternaires, et il a parfaitement réussi.

Suivant lui, les sections se pratiquaient à l'aide d'un silex agissant comme un burin, une rainure était pratiquée en grattant toujours au même endroit jusqu'à ce que la parcelle d'os fût détachée, ce qui, sur un sujet jeune se prêtant à l'opération, n'était ni dangereux ni difficile, d'autant que jamais la partie antérieure du crâne n'était attaquée ; c'était toujours sur les pariétaux que se faisait la trépanation vivante.

Quoi qu'il en soit du mode d'opérer, l'existence de cette coutume est prouvée pour le passé ; ces mutilations semblaient être un titre à la considération. Elle prouvait, comme le mode de sépulture, comme les monuments, comme les autres rites funéraires, le culte profond qu'on portait aux morts ; c'était, sous sa forme brutale, une éclatante manifestation du sentiment religieux dont l'homme, à tous les degrés de la civilisation, à toutes les époques de sa vie, n'a jamais pu se défendre.

Ici s'arrête la tâche que nous nous sommes imposée. Sans doute, bien des points relatifs à l'ancienneté de l'homme n'ont pas été traités par nous ; ils exigeaient un cadre plus étendu que celui dans lequel nous devions nous renfermer. Tant de problèmes concernant l'enfance de l'humanité ne sont encore qu'entrevus ; tant de questions se rattachent à ce sujet si vaste, qu'il eût été imprudent de les aborder ici sans être en mesure de les approfondir. La science préhistorique, malgré tout le chemin parcouru par elle, est encore chancelante et ne fait que bégayer. C'est probablement se renfermer dans la vérité que de dire avec l'éminent archéologue breton, le docteur de Closmadeuc, que les classifications adoptées jusqu'ici par l'archéologie seront plus tard détruites par la science comme un échafaudage, quand est terminé l'édifice à la construction duquel il a servi.

C'est pourquoi, dans le petit volume qu'on vient de parcourir, nous avons suivi un plan de travail différent de nos devanciers ; nous avons soigneusement évité toutes les questions graves mal élucidées ou trop complexes, afin de ne pas être entraîné à des affirmations que notre conscience ne pourrait accepter, afin de ne pas être exposé plus tard à des rétractations, afin aussi de ne conduire le lecteur que par des chemins débarrassés d'entraves.

FIN

TABLE

PREMIÈRE PARTIE
LES PREMIERS HOMMES

Chapitre I. — Une science nouvelle. 7
— II. — L'homme tertiaire et l'homme quaternaire . . 17

DEUXIÈME PARTIE
LA NOURRITURE

Chapitre I. — Ce que mangeaient les premiers hommes . . . 27
— II. — Le feu. 29
— III. — La chasse. 33
— IV. — La pêche 41
— V. — La guerre. 46
— VI. — Civilisation : domestication des animaux. . . 50
— VII. — Civilisation (suite) : agriculture 57
— VIII. — La boisson et les condiments 63
— IX. — Les restes de repas. 65
— X. — Les ustensiles : la poterie. 70
— XI. — Les ustensiles (suite). 74

TROISIÈME PARTIE
L'HABITATION

Chapitre I. — Les troglodytes. 84
— II. — Les constructions. 91
— III. — Les habitations sur l'eau. 95

QUATRIÈME PARTIE

LE VÊTEMENT

Chapitre I. — Les premiers vêtements 108
— II. — Les étoffes des temps préhistoriques 114
— III. — Les ornements et les bijoux 118

CINQUIÈME PARTIE

L'ARMEMENT

Chapitre I. — Les premières armes. 123
— II. — Armes de jet et de trait; de hast et de main. 128
— III. — Matériaux et fabrication des armes et des outils. 143
— IV. — Les armes en métal 156
— V. — Les camps retranchés; les fortifications . . . 166
— VI. — Universalité des travaux de défense. 171
— VII. — Les traces des combats 176

SIXIÈME PARTIE

LA MORT

Chapitre I. — Pierres et cavernes 180
— II. — Les monuments 187
— III. — Position des cadavres 195
— IV. — Conservation des restes humains 199
— V. — Cérémonies funèbres 203
— VI. — Les trophées et les amulettes. 208

12314. — Tours, impr. Mame.

BIBLIOTHÈQUE DES FAMILLES
ET DES MAISONS D'ÉDUCATION

FORMAT PETIT IN-8°

Ouvrages illustrés de nombreuses gravures

ARC-EN-CIEL (L'), par Mme Julie Lavergne.

CONTES ARABES TIRÉS DES MILLE ET UNE NUITS, traduction de Galland.

CONTES FRANÇAIS, par Mme Julie Lavergne.

ESQUISSES DES ANIMAUX MAMMIFÈRES les plus remarquables, par M. Ad. Focillon, directeur de l'école supérieure municipale Colbert, à Paris.

FLEURS DE FRANCE, Chroniques et légendes, par Mme Julie O. Lavergne, auteur des *Neiges d'antan*, des *Légendes de Trianon et de Fontainebleau*, etc.

INSECTES (LES), par M. l'abbé J.-J. Bourassé.

LES POISSONS, par C. Millet.

MÉCONNU, par Florence Montgommery; traduit de l'anglais par Mme Charles Deshorties de Beaulieu.

MONDE SOUTERRAIN (LE), ou Merveilles géologiques, par M. de Longchêne.

PARABOLES DE LA NATURE, par Marguerite Gatty; traduction de l'anglais.

PREMIÈRES CONQUÊTES DE L'HOMME (LES), par Paul Bory.

PROMENADES D'UN NATURALISTE, par M. V.-O.

ROUGES-GORGES (UNE FAMILLE DE), traduit de l'anglais de Mme Trimmer, par Marie Guerrier de Haupt.

ROYAUME DU BONHEUR (LE), ou les Aventures d'une petite souveraine, par Marie Guerrier de Haupt.

SIMON LE POLLETAIS, Esquisses de mœurs maritimes, par H. de Chavannes de la Giraudière.

TEBALDO, ou le Triomphe de la charité; histoire corse, par Mme la C^{sse} de la Rochère.

TYPES ET CARACTÈRES, esquisses morales et pittoresques, par Gaston de Varennes.

UN TOURISTE ALPIN à travers la forêt de Bregenz et la Via Mala, par F.-A. Robischung.

VARIÉTÉS INDUSTRIELLES, par A. Mingard.

VOYAGES ET AVENTURES DE CHRISTOPHE COLOMB, traduit de l'anglais de Washington Irving, par Paul Merruau.

Tours, imprimerie Mame.

www.ingramcontent.com/pod-product-compliance
Lightning Source LLC
Chambersburg PA
CBHW051858160426
43198CB00012B/1657